Reiter
Bei Anruf: souverän, schlagfertig
und kompetent

Hanspeter Reiter

Bei Anruf: souverän, schlagfertig und kompetent

So kommen Sie am Telefon bestens an

Beltz Verlag · Weinheim und Basel

Hanspeter Reiter, Jg. 1953, nutzt weit länger als 20 Jahre das Telefon für die berufliche Kommunikation gern und erfolgreich. Fast ebenso lange bildet er Berufstätige in dieser Disziplin aus und bringt sie weiter. Telefonverkauf wie auch persönlicher Direktverkauf sind seine Themen ebenso wie das Umgehen mit dem »Zwangstelefonat« im Berufsalltag: Was tun, wenn der Apparat klingelt? Hanspeter Reiter ist gefragter Berater, Trainer, Referent und Autor.

Lektorat: Ingeborg Sachsenmeier

© 2003 Beltz Verlag · Weinheim und Basel
www.beltz.de
Herstellung: Klaus Kaltenberg
Satz: Satz und Repro Mediapartner GmbH, Hemsbach
Druck: Druckhaus Beltz, Hemsbach
Umschlaggestaltung: glas ag, Seeheim-Jugenheim
Umschlagfoto: zefa visual media gmbh, Düsseldorf
Printed in Germany

ISBN 3-407-36103-3

Inhaltsverzeichnis

Ich widme dieses Buch

- meiner Lebensgefährtin, die – selbst Trainerin, Beraterin und Autorin – das Telefon nutzt;
- meiner Mutter, die – als ältere Dame – das Telefon als »Mobilmacher« sieht;
- meiner Tochter, die – als Teenager – das Handy in Maßen nutzt;
- den vielen eintausend Frauen und Männern in den unterschiedlichsten beruflichen Herausforderungen, mit denen zusammen ich Lösungen für erfolgreiches berufliches Telefonieren erarbeitet habe.

Einleitung

Herausforderung Telefon – immer und überall

Was Sie mit diesem Buch für sich anfangen können

Unter einem »Telefonbuch« stellen Sie sich wahrscheinlich dieses eine vor: Das Nachschlagewerk mit kaum zählbar vielen Telefonanschlüssen der Stadt »X« oder der Region »Y«. Ein »Buch«, für das sogar Literaturpapst Marcel Reich-Ranicki Werbung machte ...

Nun halten Sie ein »Telefon-Buch« in Händen, mit dem Sie ein Vielfaches anfangen können. Vorausgesetzt, Sie verfügen über jene Information, die dem Nachschlagewerk der Deutschen Telekom zu entnehmen ist: den korrekten Anschluss Ihres Gesprächspartners. Oder umgekehrt kennt Ihr Anrufer die Telefonnummer, unter der er (oder sie) Sie erreichen kann. In jedem Fall geht es um jene Herausforderung, die vielen erfolgreichen Spezialisten wie auch Führungskräften nach wie vor den Schweiß auf die Stirn treibt: Erfolgreich »fern sprechen«, per Tele- (fern!) Fon (Lautstärke!) kommunizieren. Die Herausforderung lauert auf Sie als »Agent« im Call-Center, als »Sachbearbeiter« in der Kundenbetreuung, als »Vertriebsassistent«, im Sekretariat oder im Empfang oder in der Zentrale eines Unternehmens (häufig »die Visitenkarte« genannt). Oder als Team- oder Abteilungsleiter in diesen Bereichen. Wieso eigentlich Herausforderung? Dazu einige Stimmen:

> *»Ich komme aus den neuen Bundesländern – und bin immer noch daran gewöhnt, ohne Telefon auszukommen.«*
> *»Mir fällt es viel leichter, mit jemand ›vis-à-vis‹ zu sprechen.«*
> *»Wenn das Telefon läutet, schrecke ich hoch ...«*
> *»Inzwischen merke ich schon kaum mehr, wenn ein Handy klingelt – im Café, in der U-Bahn. Manchmal bemerke ich mein eigenes erst an der Reaktion anderer Leute.«*

Mögen diese Stimmen für viele stehen, die genau dies kennzeichnen: Unsere (Ihre!) Berufswelt hat sich in den letzten Jahren verändert. Sie hat sich sogar gewaltig verändert, was die Kommunikationswege und -formen angeht. Dabei sind E-Mail und Internet-Kommunikation das eine (Chat, Forum usw.). Schwerer fällt den meisten Fach- und Führungskräften tatsächlich das Thema »mehr erledigen und kommunizieren per Telefon als persönlich oder schriftlich«, das vor allem durch den Trend zu »schneller, eher, gleichzeitiger« bedingt ist. Warum das so ist, davon handelt die Einleitung zu diesem Buch. Wie Sie damit anders umgehen können und damit optimale Ergebnisse erzielen, damit beschäftigen wir uns dann in den weiteren Kapiteln.

Ihr besonderer Nutzen liegt darin, dass Sie das Gelesene in Häppchen sofort in Ihren beruflichen Alltag einbringen können. Wählen Sie Ihr Vorgehen jeweils nach Ihren persönlichen Interessensschwerpunkten: Lesen Sie das Buch von vorn bis hinten. Suchen Sie gezielt in der Inhaltsübersicht. Schlagen Sie nach, wenn Sie Rat in einer akuten Situation suchen. Gestalten Sie sich Ihren persönlichen Schulungsplan Schritt für Schritt. Wählen Sie Themen für Ihr Teammeeting. Präsentieren Sie ein Kapitel als Ihr »Briefing« für den Trainer (intern oder extern). Oder nicken Sie einfach: »Ja, so mache ich das – und so wird es dann gemacht!« Mancher geht beispielsweise so vor:

- Lesen und entscheiden: »Das ist Quatsch.« – »Das ist o.k.«
- Planen: interne Vereinbarung (»commitment«) für das Umsetzen eines Teilthemas »A« (Kalenderwoche ...).
- Umsetzen (mit Hilfe eines Leitfadens oder einer Checkliste), notieren der Erlebnisse und Ergebnisse.
- Controllen und anpassen: Was ist daraus geworden? Wie mache ich (noch) mehr daraus?
- Routine gewinnen (durch Wiederholen): aus bewusstem Einsetzen wird unbewusstes Anwenden.
- Nächster Schritt: Planen Teilthema »B« – und so weiter.

Redundanzen, Wiederholungen sind gewollt: Sie stoßen auf Gleiches in veränderter Umgebung. Ziel ist ein zusätzlicher Lerneffekt.

Auch sonst gilt: Wiederholen Sie unbedingt. Dafür wählen Sie dann gezielt Passagen aus, mit denen Sie sich erneut befassen möchten. Der Lohn Ihrer Lektüre und der Umsetzung in die Praxis: Sie stimmen der Aussage voll zu »Telefonieren ist so easy«. Warum es bisher vielleicht erst »halb-easy« war, beleuchten wir nun.

Psychologie des Telefonierens

Dringend – eilig – rasch und schnell. Das sind Begriffe, mit denen das Telefonieren verbunden wird. Das sind die Erwartungen, die Sie erfüllen – und die Sie (Hand aufs Herz) selbst in sich tragen. Jedenfalls lässt sich dies aus Antworten herauslesen, wie sie zum Beispiel Mitglieder eines Buchclubs bei einer (internen) Befragung zur Kundenzufriedenheit gaben:

- Freundlich, schnell und kompetent sollen die Mitarbeiter sein, die Telefonate entgegennehmen.
- Telefonisch bestellt wird, weil es (und damit es) »schneller geht« – das heißt, weniger Zeit vergeht, bis das Bestellte nach Hause geliefert wird.
- Spontane Reaktionen sind es, die den Kunden zum Telefon greifen lassen – etwa wenn eine Beschwerdesituation entsteht (beispielsweise eine Falschlieferung).

Die Eile findet sogar Zugang zum Aspekt »kompetent«: Nämlich Lösungen *sofort* bieten zu können. Dabei auch noch »freundlich« (siehe oben) bleiben zu sollen, das betrachten viele Call-Center-Agents oder Kundenbetreuer als die eigentliche Herausforderung. Ob sie »inbound« (eingehende) Gespräche entgegennehmen (Bestellungen, Infowünsche, Reklamationen, Hotline-Hilferufe usw.) oder selbst »outbound« aktiv andere anrufen (Callback aus Internet, Nachfasstelefonate, Terminierungsversuche oder Direktverkauf): Es muss spürbar werden: Diese Person ist jetzt und gerade gerne mein Gesprächspartner (und voll auf mich konzentriert).

Und das »auf Distanz«. Wie der Begriff »Telefon« deutlich sagt, ist diese Kommunikation ein »Ferngespräch« – den Begriff kennen wir noch aus »alter Zeit«. Ob Sie Ihren Kollegen im Büro nebenan anrufen oder mit jemand über Tausende von Kilometern in einem anderen Erdteil sprechen: Sie haben eine erhebliche Distanz zu überbrücken. Das hat etwas damit zu tun, dass Sie nur sprechen und hören – statt den anderen auch zu sehen (und umgekehrt) und mit ihm (oder ihr) eine Angelegenheit »in die Hand nehmen«, einen Konflikt austragen, einen Auftrag notieren und so weiter. Mit diesem Aspekt »Sinne ansprechen« beschäftigen Sie sich vor allem in den Kapiteln »Sinn-voll telefonieren« (s. S. 25) und »Mimik und Gestik: Nonverbales am Telefon« (s. S. 69). Wie gehen Sie bisher mit diesen Erwartungen um, vor allem mit dem Aspekt »schnell dabei sein« (in dem sozusagen zwei olympische Motti zusammenfallen – das »schneller – weiter – höher« wie auch das »Dabeisein ist alles«)? Notieren Sie in der nebenstehenden Übung, wie Sie sich dabei fühlen.

Ergo wäre »die Botschaft« des Mediums Telefon an den Nutzer eine doppelte:

- Reagiere umgehend auf das Klingeln und nutze selbst den »heißen Draht« dann, wenn Anliegen brandeilig sind.
- Stelle dich darauf ein, mit nur dem einen Sinn »Hören« all das aufzunehmen, was sonst mit Hilfe aller Sinne geschieht – und umgekehrt nur mit der Stimme auch das Sehen und Empfinden zu bedienen.

Was sagt nun welche Reaktion über Ihr Telefonverhalten aus?

Telefon-Typ X: Sie haben Stichworte notiert wie

- »Mist – schon wieder werde ich unterbrochen!«
- »Ooh – der könnte doch auch schreiben, oder?«
- »Ja, ja – bin gleich so weit ... Jetzt hat er aufgehört. So was von ungeduldig – hat doch kaum zehnmal geklingelt?!«
- »Ich soll den zurückrufen? Ach nee, das mache ich lieber schriftlich ... Schließlich weiß ich, worum es geht!«

Sie haben das Spannungsfeld der Telefonkommunikation im Beruf deutlich erkannt. Wie Sie damit (noch) professioneller umgehen können, das sagt Ihnen dieses Buch.

Das Telefon in Ihrem Berufsalltag

Sie sind gerade beim Klären eines Vorgangs – ein Anruf kommt. Was kommt Ihnen in den Sinn?

Sie erhalten eine Notiz »Bitte XYZ zurückrufen – Thema ist ABC«. Wie gehen Sie damit um?

An welche weitere Situation aus der letzten Woche erinnern Sie sich, die Sie als »typisch für Ihren Arbeitsalltag« definieren?

Ihre Reaktion darauf?

Telefon-Typ Y: Sie haben Stichworte notiert wie

- »Ich freue mich – gleich spreche ich persönlich mit jemandem.«
- »Jetzt kommt ein Vorgang, den ich sofort erledigen kann – statt hin und her zu schreiben. Oder wegen schlechter Handschrift zurückfaxen zu müssen.«
- »Telefonieren kommt für mich vor allen anderen Vorgängen: Dringlich vor wichtig!«
- »Aah – Kunde oder Mitarbeiter hat ein Thema, zu dem er mich braucht. Sehr schön!«

Bestens! Dann sind Sie auch im Stande, anderen dabei zu helfen, »frisch, fromm, fröhlich, frei« ans Telefon zu gehen! Denn dies sind die Messlatten (»Benchmarks«), mit denen Sie heutzutage im »Business« zurechtzukommen haben:

- Anrufe sind innerhalb 20 Sekunden entgegenzunehmen (»Service level« in Call- oder Communications-Centern) – Sie erinnern das klassisch vielleicht als »spätestens beim dritten Läuten«.
- Eine Antwort auf einen Rückrufwunsch (ob nun klassisch per Band = Anrufbeantworter hinterlassen oder per »callback-button« auf der Internet-Website) wird innerhalb weniger Stunden erwartet.
- Wer zuerst kommt ... – hat im Wettbewerb die Nase vorn: Auch wer schreibt, möchte gerne persönlich betreut werden. Einfacher geschieht das per Telefon statt aufwändig durch Kundenbesuche – auch in den neuen Bundesländern: Dort ist die Akzeptanz des Vertreterbesuchs inzwischen deutlich zurückgegangen (dies betrifft beispielsweise Lexika und Versicherungen).

Spontaneität und geforderte Schnelligkeit bergen Chancen wie auch Gefahren. Welche sind das? Wie begegnen Sie denen?

»Risiko?« – Gefahren und Chancen des Telefonierens

Möglichst viel per Telefon erledigen – das betrachten manche Fach- und Führungskräfte durchaus ambivalent. Da kommen Argumente wie »Missverständnisse entstehen, die ich vermeide, wenn alles Schwarz auf Weiß nieder geschrieben ist« oder »Was spontan ausgesprochen wird, hat mancher im Nachhinein dann schwer bereut«. Sie nicken Zustimmung? Überlegen Sie bitte zweierlei.

Telefonieren als Risiko?

Erstens: Woran liegt das denn – und zweitens wie können Sie es ändern (wenn Sie möchten)? Im Moment bleiben wir bei »erstens« – und analysieren, woher das Risiko beim Telefonieren kommt. Hier ist Platz für Ihre Gedanken dazu.

Missverständnisse entstehen am Telefon, weil:

Spontane Aussagen können gefährlich werden, weil:

Wahrscheinlich bringt Ihre Analyse ähnliche Ergebnisse: Missverständnisse entstehen am Telefon häufig, weil

● ein Gesprächspartner (oder auch beide) schlecht verständlich sprechen (nuscheln, Dialekt, leise);
● das Umfeld die Gesprächspartner ablenkt (zum Beispiel andere sprechen im Raum, es gibt Nebengeräusche durch Maschinen);
● die gewählten Formulierungen zu wenig präzise sind und Raum für Interpretation eröffnen.

Spontane Äußerungen können gefährlich sein, weil

● Emotionen stärker als gewollt beitragen (was durch Nachdenken vor dem Schreiben vermieden würde);
● ein Gesprächspartner sich inhaltlich zu stark »aus dem Fenster lehnt« (also etwas zusagt, was er besser vermieden hätte);
● Spontanes häufig verkürzt formuliert wird (und so der zuhörende Partner etwas anders interpretiert als der sprechende gemeint hat – siehe oben »Missverständnisse«).

So weit die möglichen Gefahren. Und wie gehen Sie damit um? Der eine Weg ist, die Gefahr zu meiden: Wer sich »gegen das Telefon« entscheidet, in der beruflichen Kommunikation, umschifft sozusagen diese Klippen. Wenn andererseits in vielen Bereichen zu Anfang des dritten Jahrtausends 90 Prozent und mehr der Vorgänge telefonisch erledigt werden, hemmt der Verzicht aufs Telefon sehr.

Das spricht entschieden für den zweiten Weg: Ändern, was sich ändern lässt. Mit dem Ziel, die möglichen Chancen zu nutzen: Im Chinesischen ist das Schriftzeichen für »Risiko« aus jenen beiden zusammengesetzt, die »Gefahr« und »Chance« bedeuten.

Das Telefon – Helfer statt Störmoment

»Learning by doing« ist ein modernes Stichwort der Fortbildung. Gerade am Telefon haben Sie mehrfach täglich die Möglichkeit, aus dem Alltagsgeschehen heraus zu lernen. Lernen bedeutet beispielsweise Fehler machen – und in der Analyse daraus lernen, diese Fehler künftig zu vermeiden. Haben Sie telefonische Situationen bereits erlebt, die oben beschrieben sind – oder können sich solche vorstellen? Dann ist jetzt die beste Gelegenheit, Strategien zu entwickeln, diese Klippen künftig aktiv zu umschiffen.

Risiken am Telefon vermeiden

Da Sie die kritischen Momente nun kennen, gehen Sie aktiv damit um.

Missverständnisse am Telefon – wie vermeiden Sie sie?

Spontane Äußerungen – wie handhaben Sie die künftig?

Hier sind einige Vorschläge für Sie. Missverständnisse können Sie direkt am Telefon vermeiden:

- **Wiederholen Sie wichtige Aussagen und Vereinbarungen:** »Habe ich Sie richtig verstanden: ...« »Dann lassen Sie mich kurz zusammenfassen, was wir soeben besprochen haben: ...« »Meinen Sie das so ...?!«
- **Fordern Sie Feedback:** »Damit wir Missverständnisse vermeiden, wäre ich Ihnen dankbar, wenn Sie kurz zusammenfassen, wie Sie nun unsere Vereinbarung verstanden haben ...«

Spontane Äußerungen können Sie durchaus vermeiden:

- **Fragen stellen statt Aussagen treffen:** »Was stellen Sie sich als mögliche Lösung vor?« »Wenn ich Sie recht verstehe, dann ...?«
- **Verschieben Sie die Antwort auf später:** »Herr ..., ich habe jetzt verstanden, es geht Ihnen um ... Ich kümmere mich umgehend darum. Sie hören von mir wieder am ... um ...«

Außerdem entwickeln Sie im Verlauf dieses Buches weitere Strategien rund um das eigentliche Telefongespräch.

»Vorbereitung ist die halbe Miete« ist ein gängiges Motto. Um einigen Lösungen vorzugreifen: Wer hindert Sie, etwas kurz schriftlich zu bestätigen (per Fax, per E-Mail), was Sie telefonisch besprochen haben? Allerdings sollten dies Sonderfälle bleiben.

Wie hilfreich das Telefon sein kann, belegen beispielsweise folgende Antworten aus einem Workshop zum Thema »Telefoneinsatz in der Kundenbetreuung«:

»Am Telefon kann ich durch Fragen sofort Klarheit schaffen – sonst braucht es zwei, drei Briefe hin und her.« (Was erheblich mehr Zeit und Geld kostet!)

»Wer telefonisch bestellt, bestellt gleich mehr: Ich kann auch dazu auffordern!« (Die Unterschiede liegen bei 20–100 Prozent mehr gegenüber schriftlicher Bestellung, auch abhängig vom Geschick der Person am Telefon.)

»In einer Stunde schaffe ich zirka zehn Telefonate – aber höchstens drei Briefe.« (Schätzwerte des Aufwands für einen Brief liegen bei etwa 15 Euro für ein Telefonat bei maximal 3 Euro!)

Bei welchen Lösungen Ihnen das Telefon beruflich helfen kann, hängt schlicht von Ihrer Tätigkeit ab: Mit wem kommunizieren Sie worüber mit welchem Ziel zu welchen Zeiten? Im folgenden Kapitel finden Sie Beispielsituationen beleuchtet, von denen Ihnen einige bekannt vorkommen werden!

Situationen im Alltag

Wie Sie damit umgehen

Ausgewählte Ereignisse der Tele-Kommunikation

Wenn Sie mit bestimmten Situationen besser umgehen möchten, setzt das das bewusste Kennen dieser Vorgänge voraus.

»An seiner Organisation mangelt es noch etwas ...«

Für eine umfassende Analyse gibt es software-gestützte Vorgehensweisen, die Unternehmensberater wie profiTel in Hamburg anbieten – dort geht es um die Planung eines Customer-Communication-Center. Eine solche Analyse im Kleinen hilft Ihnen, sich über Umfang, Häufigkeit und Inhalt Ihrer Gesprächssituationen am Telefon klar zu werden. Wenn Sie als Führungskraft die Einzelwerte Ihrer Mitarbeiter zusammenfassen, verfügen Sie über ein Gesamtbild der Vorkommnisse in Ihrem Verantwortungsbereich. Ein Erfassungsblatt könnte zum Beispiel so aussehen wie auf der folgenden Seite.

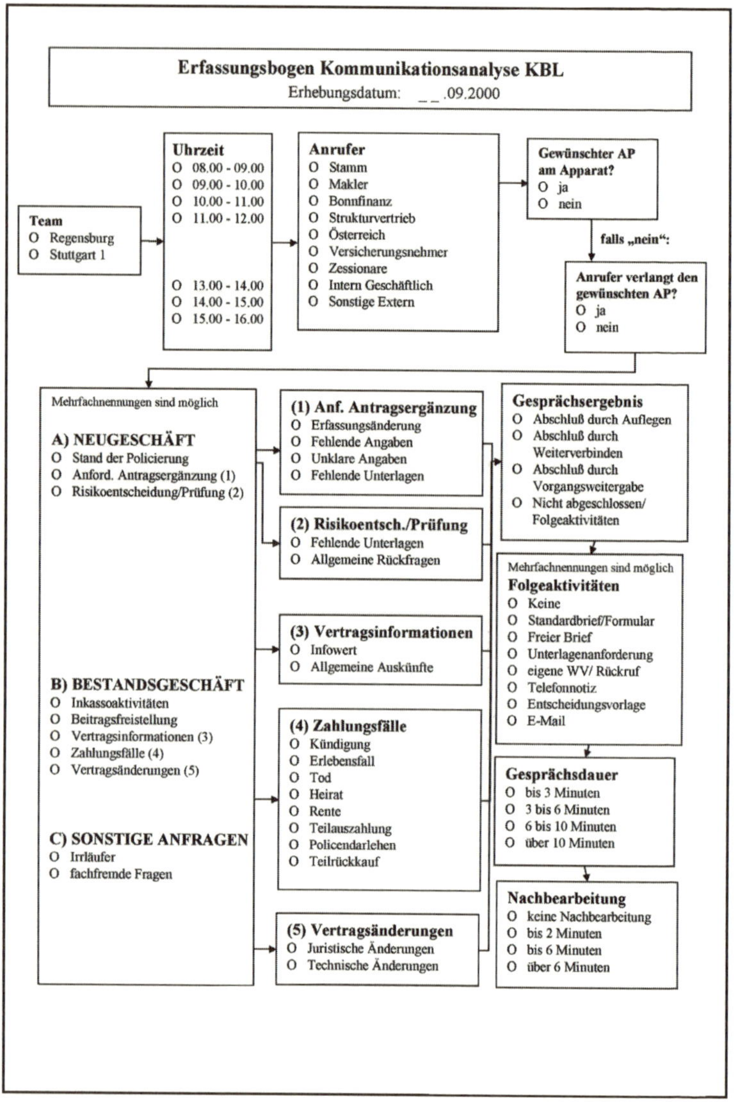

Erfassungsbogen Kommunikationsanalyse KBL
Erhebungsdatum: _ _ .09.2000

Team
O Regensburg
O Stuttgart 1

Uhrzeit
O 08.00 - 09.00
O 09.00 - 10.00
O 10.00 - 11.00
O 11.00 - 12.00

O 13.00 - 14.00
O 14.00 - 15.00
O 15.00 - 16.00

Anrufer
O Stamm
O Makler
O Bonnfinanz
O Strukturvertrieb
O Österreich
O Versicherungsnehmer
O Zessionare
O Intern Geschäftlich
O Sonstige Extern

Gewünschter AP am Apparat?
O ja
O nein

falls „nein":

Anrufer verlangt den gewünschten AP?
O ja
O nein

Mehrfachnennungen sind möglich

A) NEUGESCHÄFT
O Stand der Policierung
O Anford. Antragsergänzung (1)
O Risikoentscheidung/Prüfung (2)

B) BESTANDSGESCHÄFT
O Inkassoaktivitäten
O Beitragsfreistellung
O Vertragsinformationen (3)
O Zahlungsfälle (4)
O Vertragsänderungen (5)

C) SONSTIGE ANFRAGEN
O Irrläufer
O fachfremde Fragen

(1) Anf. Antragsergänzung
O Erfassungsänderung
O Fehlende Angaben
O Unklare Angaben
O Fehlende Unterlagen

(2) Risikoentsch./Prüfung
O Fehlende Unterlagen
O Allgemeine Rückfragen

(3) Vertragsinformationen
O Infowert
O Allgemeine Auskünfte

(4) Zahlungsfälle
O Kündigung
O Erlebensfall
O Tod
O Heirat
O Rente
O Teilauszahlung
O Policendarlehen
O Teilrückkauf

(5) Vertragsänderungen
O Juristische Änderungen
O Technische Änderungen

Gesprächsergebnis
O Abschluß durch Auflegen
O Abschluß durch Weiterverbinden
O Abschluß durch Vorgangsweitergabe
O Nicht abgeschlossen/ Folgeaktivitäten

Mehrfachnennungen sind möglich

Folgeaktivitäten
O Keine
O Standardbrief/Formular
O Freier Brief
O Unterlagenanforderung
O eigene WV/ Rückruf
O Telefonnotiz
O Entscheidungsvorlage
O E-Mail

Gesprächsdauer
O bis 3 Minuten
O 3 bis 6 Minuten
O 6 bis 10 Minuten
O über 10 Minuten

Nachbearbeitung
O keine Nachbearbeitung
O bis 2 Minuten
O bis 6 Minuten
O über 6 Minuten

Was lesen Sie nun Ihrerseits aus einer solchen Analyse?

- **Anzahl und Dauer interner sowie externer Telefonkontakte:** Überlastungsmomente, verloren gehende Gespräche, Belastung durch Wiederanrufe.
- **Zeiträume relativ schwachen beziehungsweise starken Telefonverkehrs (Wochentag/Uhrzeit):** Es gilt das Gleiche wie oben.
- **»Wer mit wem?« = Ballungen interner wie externer Kontakte:** Wodurch entstehen Staus bei wem? Lassen sich Gipfel und Täler ausgleichen, durch Umorganisieren oder Umverteilen?
- **Weitere Merkmale:** Welche zusätzlichen Kriterien erkennen Sie für sich?

Moderne Telefonanlagen zur Verteilung eingehender Anrufe liefern einen großen Teil dieser Werte quasi automatisch – etwa ACD-Anlagen (s. S. 148 f.). Das bedeutet, je nach programmierter Anwendung erhalten Sie daraus fertige Summen für einen gewählten Zeitraum.

Häufig vorkommende Situationen »inbound« sind:

- **Telefonzentrale:** Entgegennehmen und Vermitteln eingehender Gespräche an Zielpersonen im Unternehmen.
- **Sachbearbeitung:** Annehmen von eingehenden Gesprächen und unmittelbares (oder späteres) Lösen der entstehenden Aufgaben – typische Beispiele: Kundenbetreuung, Einkauf, Buchhaltung.
- **Assistenz/Sekretariat:** Zwischenstation zur Aufbereitung eingehender Telefonate für eine Bezugsperson (Chef, Spezialist, abwesender Kollege).
- **Reklamation per Telefon:** Betrifft sehr unterschiedliche Funktionen und Positionen im Unternehmen; auch Konfliktgespräche Mitarbeiter–Führungskraft.
- **Call-Center-Agent:** Fasst viele dieser Funktionen zusammen. Außerdem typisch: Hotline, Info-Line, Bestellannahme.

Entsprechend gibt es typische »Outbound«-Aufgaben:

● **Vertriebsinnendienst:** Termine vereinbaren, Kontakte qualifizieren, Einladen zu (Haus-)Messen, Sonder-/Rest-Verkäufe, Betreuen kleinerer Kunden: aus ABC-Analyse die »schwächeren«, beispielsweise C-Kunden – oder »B«, falls »C« ausschließlich schriftlich betreut werden.
● **Assistenz/Sekretariat:** Organisieren und Vorbereiten von Meetings und Reisen.
● **Journalist/Autor:** Recherche, Interviews.
● **Interviewer:** Marktforschung, Bedarfsanalyse, Headhunting.

Welche Situationen am Telefon gibt es bei Ihnen?

Notieren Sie nun Ihre wichtigsten wiederkehrenden Telefonsituationen:

Welche weiteren fallen Ihnen ein, die anderswo in Ihrem Unternehmen geleistet werden:

Dies sind jene Situationen, für die Sie nun Veränderungsmöglichkeiten suchen. So unterschiedlich die oben genannten beziehungsweise von Ihnen notierten Telefonvorgänge auch sein mögen, sie haben vieles gemeinsam. Und davon wieder einiges gemeinsam gegenüber anderen Kommunikationssituationen, die sich sonst mehr oder weniger deutlich vom Telefonieren unterscheiden.

Unterschiede zum »Vis-à-vis«-Gespräch

Es hat seinen guten Grund, dass manche Mitmenschen mit einem Gefühl des Unbehagens ans Telefon gehen, wenn es »beruflich klingelt«. Gerade »gestandene Verkäufer« meiden das Ferngespräch und besuchen ihre Kunden lieber einmal öfter persönlich. Andere wiederum können das kaum nachvollziehen und sitzen fast »Hörer am Ohr« parat – gehören auch Sie dazu?

Ein einfaches Kommunikationsspiel hilft Ihnen und Ihrer Umgebung, sich die Unterschiede zwischen Ferngespräch und »Auge in Auge« bewusst zu machen. Zugleich kann dieses 5-Minuten-Spiel (inklusive Analyse) zur Auflockerung bei Meetings, Schulungen oder Pausen beitragen. (Dieses Spiel hat der Autor für Telefontrainings erfunden und eingebaut – und als Starter konsequent beibehalten. Es funktioniert immer wieder toll!)

Unterhaltung Rücken an Rücken

Sie benötigen genügend Platz zum Stehen (zum Beispiel hinter den Stühlen, die an den Tisch gerückt werden). Fordern Sie Ihre Kollegen/Mitarbeiter/Teilnehmer zum Aufstehen auf. Jeweils zwei Personen stellen sich Rücken an Rücken, Blick parallel zum Tisch (= Rücken 90 Grad zum Tisch).

Zwei Minuten Unterhaltung: Geben Sie Themen vor, beispielsweise aktuelles Thema des Tages – oder Anreise am Morgen, Wochenende usw. – Dies dient auch zugleich dem besseren Kennenlernen, wenn Teilnehmer beispielsweise aus verschiedenen Firmen kommen. Schließen Sie auf Wunsch später eine Vorstellungsrunde an, in der jeweils der eine Gesprächspartner den anderen vorstellt!

Beenden Sie den Gedankenaustausch mit Vorwarnung (nicht abrupt), denn dann kann die Unterhaltung ausklingen.

Anschließend folgt die Analyse. Wie intensiv und andauernd, entscheiden Sie (je nach Situation = Ziel, Zeit, Runde).

Was meinen Sie, welche Antworten kommen werden? Nehmen wir einmal an, Ihre Frage lautet: »Was haben Sie anders empfunden gegenüber der normalen Gesprächssituation, in der Sie mit dem Partner am Tisch sitzen und einander sehen?«

Analyse des Telefonspiels

Notieren Sie bitte, was Sie erwarten – besser: was Sie bei einem Testspiel erleben (zum Beispiel mit Ihrem Partner zu Hause oder mit Ihrem Kollegen im Büro):

Vielleicht werden Sie solche oder ähnliche Antworten erleben, wenn Sie das Spiel durchführen:

»Ein ganz blödes Gefühl – da fehlt etwas.«
»Ich habe immer Kontakt gesucht, also mich mit meinem Rücken zu ihr rüberbewegt.«
»Zuerst versuchte ich, durch Kopfdrehen den XY auch ansehen zu können. Dann habe ich es gelassen – ist schlecht für das Genick ...«
»Als alle geredet haben, wurde es schwer, den anderen zu verstehen. Deshalb haben wir lauter gesprochen. Und weil alle lauter wurden, dann leiser – so wurde es besser, mit einer Art Flüstern.«
»... kam mir vor wie am Telefon ...«

Aha – genau diesen Effekt wollten wir erreichen! Lassen Sie uns einige Stichworte zusammenfassen:

● Es fehlt das Einander-Sehen-Können.
● Das Sehen versuchen wir durch Fühlen zu ersetzen (was hier einfacher gelingt: Anlehnen statt Kopfdrehen!).
● Störende Geräusche sollen übertönt werden – leiser sprechen hilft mehr.
● Nur sprechen und hören allein ist für uns ungewohnt.
● Deshalb tun sich manche schwer am Telefon.

So, und was machen Sie jetzt daraus?

»Sinn-voll telefonieren«

Sie haben im Alltag erlebt und sich wieder einmal bewusst gemacht, dass »telefonieren« gerade beruflich dieses eine wichtige Handicap hat: Kommunikation findet ausschließlich mit dem Hörsinn statt – der eine spricht, der andere hört. (Auf die Ausnahme »Video-Telefon« kommen wir später kurz zurück, s. S. 157). Das führt im Alltag durchaus dazu, dass einzelne (sonst in ihrem Job durchaus erfolgreiche!) Mitmenschen eine heftige Abneigung gegen das berufliche Telefonieren entwickeln. Das hat auch damit zu tun, dass jeder Mensch eines seiner Sinnesorgane stärker einsetzt als die anderen.

Nun ist der Mensch sowieso ein »Augentier«, das Bild spielt immer ein wichtige Rolle – und bei manchen Mitmenschen sogar die entscheidende: Viel-Seher genannt. Sie haben bestimmt schon Menschen kennen gelernt, die viel körperlichen Kontakt suchen, frei davon, intim werden zu wollen – sozusagen »die Fühler ausstrecken«. Beide Sinnestypen tun sich schwerer beim Telefonieren als der dritte Haupttyp, der vor allem »mit den Ohren durchs Leben geht«. Er ist beim Telefonieren optimal aufgehoben. So gilt häufig im Verkauf: Wer beste Erfolge im Außendienst hat, beim Vis-a-vis-Verkauf, tut sich meist schwer, seine Termine telefonisch zu vereinbaren. Da fehlt es am Einsatz der Körpersprache, da geht das »Zeigen-Können« ab.

Gleiches gilt für viele glänzende »Showmaster«, die wahrhaft meisterlich vor Zuschauern präsentieren. Doch am Telefon scheitern sie kläglich! Und wie helfen *Sie* sich, wenn auch Sie eher zum »Schauen« oder zum »Greifen« neigen statt zum »Lauschen«? Um Ihnen mögliche Lösungen nahe zu bringen, lassen Sie uns zunächst einen Überblick über die Typen gewinnen:

Sinn	Typ	aktiv umsetzen
Sehen (Auge)	visuell (V)	etwas zeigen
Hören (Ohr)	auditiv (A)	sprechen
Fühlen (Tastsinn)	kinästhetisch (K)	berühren, haptisch
Riechen (Nase)	olfaktorisch	schwierig
Schmecken (Zunge)	gustatorisch	schwierig

Jeder Mensch hat naturgemäß sämtliche Sinne zur Verfügung, nutzt sie aber unterschiedlich stark. Das zeigt sich etwa bei ausgesprochenen Genussmenschen, die mit Nase und Gaumen mehr anfangen können als andere. Wie stellen Sie fest, »welchem Sinnestyp« jemand angehört? Da liefert uns das Telefon den passenden Einstieg über den Umweg des Neuro-linguistischen Programmierens (NLP). Ich greife jenen Teil heraus, der Ihnen hilft und lasse den Rest beiseite (darüber gibt es eine Menge Literatur!). NLP sagt: Jeder Sinnestyp wählt seinen Wortschatz instinktiv vor allem aus dem Hauptsinn.

- **Visuell:** Sieht gut aus, lese daraus, glänzende Ergebnisse.
- **Auditiv:** Klingt gut, höre heraus, die Moll-Töne überwiegen.
- **Kinästhetisch:** Fühlt sich toll an, spüre heraus, zupackender Macher.

Sie können alle Wortarten »zum Tönen« bringen: Verben (Zeitwörter), Adjektive (Eigenschaftswörter), Substantive (Hauptwörter).

NLP für die Gesprächspraxis

Finden Sie nun Begriffe, die zu Ihren beruflichen Situationen passen – und dazu jeweils »V-A-K«-Varianten. Tragen Sie zur Übung zunächst die fehlenden Begriffe ein, ergänzen Sie dann weitere wichtige Begriffe Ihrer Alltagssprache:

Inhalt	Visuell	Auditiv	Kinästhetisch
Verhandeln			
Anbieten			
Vorteilspreis			

Was könnten »Übersetzungen« sein, die Sie in Ihren Gesprächen anwenden, um die Sinne Ihres Gesprächspartners abwechselnd anzusprechen? Hier finden Sie einige Beispiele, die Sie natürlich auch gezielt einsetzen können: Wenn Sie Ihren Anrufer als visuellen Typ identifizieren, nutzen Sie visuell orientierte Vokabeln:

Inhalt	Visuell	Auditiv	Kinästhetisch
Verhandeln	zeigen	besprechen	austauschen
Anbieten	demonstrieren	erläutern	vorführen
Vorteilspreis	Lässt den Sparkommissar strahlen!	Da ist Musik drin!	Sie sparen spürbar!

Jetzt sind Sie an der Reihe

Sie haben andere Lösungen? Selbstverständlich gibt es »unendlich viele« davon. Greifen Sie zu einem Synonymwörterbuch und suchen Sie zum Beispiel die Begriffe sehen, hören, fühlen.

Bei dieser Übung stellen Sie gleich fest, welchem Sinnestyp Sie selbst zuneigen: Welche Begriffe sind Ihnen spontan eingefallen – bei welchen mussten Sie länger nachdenken – welche fehlen Ihnen vielleicht immer noch? Daraus sollte sich bereits eine Tendenz zeigen, zu welchem Sinnestyp Sie tendieren. Der erste Schritt, auch »Ihren Nächsten« besser zu erkennen! Sie möchten diesen Weg weiter verfolgen? Dann üben Sie entsprechende Formulierungen!

Was sonst ist möglich? Bevor Sie sich rein aufs Hören konzentrieren (beim Telefonieren nämlich), lernen Sie mehr über »Sinnesverhalten« im Alltag.

Beobachten Sie beispielsweise Ihr Gegenüber beim Nachdenken, etwa beim Suchen nach einem Erlebnis, nach einem Begriff. Dann stellen Sie dies fest:

Ihr Gesprächspartner schaut mehr

- nach oben = er ist visuell orientiert (Sehen).
- in die Mitte (eher neutral in der Höhe) = er ist auditiv orientiert (Hören).
- nach unten = er ist kinästhetisch orientiert (Tasten).

Lassen Sie sich auch von anderen beobachten – dann stellen Sie fest, welcher Typ Sie selbst (schwerpunktmäßig) sind. Dieser »Seh-Test« sollte mit dem »Wortschatz-Test« von oben übereinstimmen.

Vielleicht geht es Ihnen jetzt wie vielen Menschen: Theoretisch verstanden, Umsetzung per Übung funktioniert auch. Doch jetzt (möglichst regelmäßig) beim Telefonieren die »Metaposition« einnehmen und so rasch feststellen, welcher Typ der Gesprächspartner primär ist, das ist eine heftige Herausforderung. Denn jetzt gälte es, vor allem auf Abweichungen zu achten: Ist Ihr Telefonpartner vom selben Haupttyp wie Sie selbst – wunderbar, entspannen und »weiter im Text«. Ist dies nicht der Fall, müssten Sie weiter höchst konzentriert den Dialog weiterführen. Denn Ziel wäre nun, dass Sie Ihren Wortschatz dem des Partners anpassen – Hoi!

Nun, hilfreich ist da der Tipp eines Seminarteilnehmers, der völlig richtig sagte: »Also da mache ich es mir ein wenig leichter: Statt immer auf Unterschiede zu achten, nutze ich einen möglichst breiten Wortschatz – also einigermaßen ausgewogen V-A-K im Wechsel. Dann bin ich ziemlich sicher, jeden Gesprächspartner verbal gut zu erreichen.« Guter Tipp! Wie das in der Praxis aussehen kann, mag Ihnen der folgende Text zeigen, der zugleich einige neutrale Begriffe beinhaltet: »Wenn Ihr Chef sich auch eine halbe Stunde Zeit nimmt (kinästhetisch), zeige ich Ihnen beiden gerne zusätzliche Möglichkeiten auf (visuell). Wie klingt das für Sie? (auditiv)«

Typisch: Wiederkehrende Typen von Gesprächspartnern und -situationen

Versuchen Sie, möglichst rasch die oben erlebte NLP-Typologie in Ihren Alltag zu integrieren. Das hat einen gewaltigen Lerneffekt: Durch wiederholtes Anwenden entsteht Routine! Beachten Sie die Schritt-für-Schritt-Entwicklung, damit Sie optimal profitieren:

- Sie erkennen Typen, machen Sie sich bewusst,
- Sie wenden diese Erkenntnisse regelmäßig bewusst an
- und schließlich unterbewusst routiniert.

Dann haben Sie sozusagen den Kopf frei für weitere Lernschritte: Je mehr wiederkehrende Situationen Sie sich bewusst machen, desto einfacher wird der Alltag für Sie!

Welche weiteren Typologien fallen Ihnen ein analog zum obigen Praxisbeispiel »sinn-voll telefonieren«? Wohlgemerkt, an Stelle von Schubladen oder Schablonen (siehe »HDI Hermann Dominanz Index« oder »DISG« für »Dominant – Initiativ – Stetig – Gewissenhaft«) suchen Sie schlicht Gruppenmerkmale. Das hilft Ihnen, rascher auf Ihren Gesprächspartner zu reagieren, quasi instinktiv. Auf eine natürliche Weise zu reagieren, statt »Technik ABC« aus einer Schublade zu ziehen.

Typisch Anrufer?

Also, welche übereinstimmenden Merkmale für verschiedene Gruppen von Mitmenschen finden Sie? Merkmale, die Ihnen am Telefon helfen, sich rasch auf Herrn Meier oder Frau Müller einzustellen?

Hier habe ich einige Merkmale für Sie zusammen gestellt:

- **Wie schnell spricht Ihr Telefonpartner?** Eher langsam und bedächtig – das kann ein Kennzeichen für den »Kopftyp« sein: Hier braucht es vor allem Argumente, »hieb- und stichfeste«. Eher rasch und hektisch? Vielleicht haben Sie einen »Bauchtyp« am anderen Ende der Leitung – Emotionen sind gefragt!
- **Wie laut spricht er oder sie?** Eher laut – das ist ein Kennzeichen für einen eher dominanten Mitmenschen – er oder sie möchte das Heft in der Hand halten, selbst entscheiden: Führen Sie das Gespräch auf die sanfte Art, vor allem durch Fragen. Spricht Ihr Partner eher leise, dann handelt es sich wahrscheinlich um jemand, der oder die »geführt« werden möchte: Machen Sie konkrete Vorschläge!
- **Ist Ihr Kontakt ein Vielredner oder eher ein Schweiger?** Wenn Sie das Gefühl haben, den anderen eigentlich bremsen zu sollen, ist er ein eher Extravertierter: Sie finden viel Bereitschaft, sich mit Ihnen zu unterhalten – hoffentlich auch über Ihr Angebot. Wenn ein »nein« kommt, sollten Sie dieses meist besser akzeptieren. Dies gilt weniger beim Schweiger – eher der Introvertierte: Hinterfragen Sie ein »nein« sorgsam und vorsichtig. Locken Sie diesen Gesprächspartner aus der Reserve. Bleiben Sie dabei eher sachlich – während der Vielredner eher einen Schritt in Richtung Humor verträgt oder gar verlangt.

Diese Typologien sind hilfreich, doch beachten Sie: Die Interpretation stößt an Grenzen – damit will ich sagen: Prüfen Sie in der Lernphase, wie weit Sie sich auf Typenlehren verlassen wollen und können. Dazu mehr auf den Seiten 102ff.

Eine übergreifende Typisierung bietet die Betrachtung verschiedener Kommunikationsebenen: Sache und Beziehung. Oder: Kopf und Bauch. Oder: Ratio und Emotion.

Ein Beispiel gefällig? Ihr Telefonpartner sagt »*Das ist mir zu teuer!*« Eine mögliche Antwort ist: »*Wenn Sie es mit XYZ vergleichen ...*«, oder: »*Womit verglichen sehen Sie es als teuer?!*« Dann haben Sie argumentiert, also – den Kopf angesprochen.

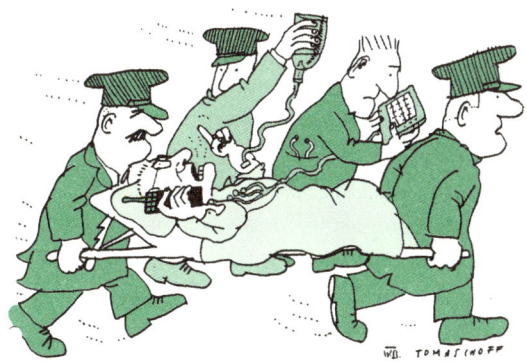

So weit, so gut. Wenn Sie sicher sein wollen, durch einen Mix aus Sach- und Beziehungsantwort optimal zu kommunizieren, sollte etwas »für den Bauch« dazu.

Vielseitig kommunizieren

Was könnte gemeint sein, wenn es heißt: etwas »für den Bauch« dazu? Hier ist Platz für Ihre Vorschläge:

Hier habe ich wieder einige mögliche Antworten für die »Beziehungsebene« zusammengestellt:

»*Sie finden ... Euro relativ viel Geld für (Ihr Angebot)?*« – Sie bestätigen damit, den Partner verstanden zu haben – danach folgt Ihr Argument. Oder: »*Für Sie spielt der Geldaspekt beim Entscheid über (Ihr Angebot) eine wichtige Rolle, ist das richtig?*« – Von hier können Sie dann fortsetzen, etwa mit der Frage: »*Was beziehen*

Sie sonst noch in Ihre Überlegungen mit ein, wenn es um (Ihr An-gebot) geht?« Dies ist nach allgemeiner Erfahrung weiterführen-der als die klassische »Salamitaktik«, die Sie vielleicht schon ein-mal in einer solchen oder ähnlichen Formulierung gehört haben: *»Wenn wir für diese Frage gemeinsam eine für Sie akzeptable Ant-wort finden, sagen Sie dann »ja« zu (Ihr Angebot) – oder was sonst stünde dem noch entgegen?«* – Womit Sie Ihrem Partner eine Steilvorlage für den nächsten Einwand liefern könnten.

Generell gilt: Mit einem Mix aus beiden Kommunikationsebenen sind Sie auf der sicheren Seite. Passen Sie das Gewicht von Sache und Beziehung den Menschentypen sanft an. Dann passt das auch für alle verschiedenen Situationen, die Sie am Telefon erleben.

Dabei mag es helfen, zwischen Telefonpartnern im privaten und im beruflichen Umfeld zu unterscheiden. Das hat wenig mit dem Verhalten als solchem zu tun: Wenn jemand privat bereit ist, mit einem Gesprächspartner über »Ihr Angebot« am Telefon zu verhan-deln, wird er das beruflich erst recht sein. Das gilt im Allgemeinen auch umgekehrt.

Doch gilt es, andere Aspekte zu beachten, wenn Sie mit geringst-möglichem Aufwand Ihr Ziel erreichen möchten:

Aspekt	Beruflich	Privat
Anrufzeit	Bürozeiten beachten: Gibt es weniger geeignete Zeiten?	Bis 20 Uhr. Einige sind untertags erreichbar.
Gesprächs-thema	Im Grunde sind alle Themen erlaubt. Smalltalk wenn nötig	Tabuthemen beachten: was als zu privat zu intim empfunden wird
Kontakt-vermittler	Zentrale, Sekretariat, Assistenten, Kollegen	Eventuell Partner, Kinder, Eltern
Angebot	Extrem erklärungsbedürf-tig? Vorsicht!	Sehr hoher Preis? Kritisch!
Bisheriger Kontakt	Telefonkontakt ergänzen durch Besuch?	Juristisch zwingend erforderlich
Rechtsfragen	Telefonkontakt meist zulässig	Telefon nur in Ausnahme-fällen erlaubt

Diese Aspekte spielen in der Regel immer eine Rolle, ob Sie nun aktiv anrufen oder vom Partner angerufen werden – Ausnahme: Die rechtliche Situation ist bei Aktivanrufen eingeschränkt gegenüber reaktivem Angerufenwerden (s. S. 147). Von verschiedenen Situationen »aktiv« und »reaktiv« handeln die beiden folgenden Kapitel.

Reaktives Telefonieren

Der Begriff »reaktives Telefonieren« fasst alle Situationen zusammen, in denen Sie selbst angerufen werden. Das heißt, Sie re-agieren. Die besondere Herausforderung besteht darin, sich auf Unerwartetes einzustellen. Denn erst, wenn Sie die ersten Sätze mit dem Anrufer gesprochen haben, wissen Sie, worum es geht. Damit Sie sich optimal auf eingehende Telefonate einstimmen können, gilt: Schaffen Sie sich (und Ihren Mitarbeitern) jene Rahmenbedingungen, die Sie flexibler machen. Denn meist ist das Telefonieren in ein Bündel von Aufgaben integriert. Häufig betreuen Telefonierende gleichartige Vorgänge, die das Unternehmen schriftlich erreichen (per Post, Fax, E-Mail).

In einem Versandhandelsunternehmen habe ich als Lösung für diese mehr-mediale Bearbeitung das Prinzip des »mehrfachen Dialogs« kennen gelernt. Stopp! – Telefonkonferenz ist ein anderes Thema, (s. S. 132). Hier ist der EDV-Dialog gemeint: Gleiche Masken sind parallel aufzurufen und zu bearbeiten. So hat der Kundenbetreuer (»Servicemitarbeiter«) die Chance, zwei Vorgänge quasi zeitgleich zu bearbeiten: eine Bestellung oder Reklamation »offline«. Dies unterbricht er sofort, wenn das Telefon läutet, wechselt in einen zweiten Dialog und erledigt »online« den Wunsch des Anrufers. Nach Abschluss wechselt er zurück in Dialog 1 und setzt die unterbrochene Bearbeitung fort. Zusätzlich besteht die Möglichkeit, in weiteren Paralleldialogen für beide Situationen zu recherchieren (Artikel zu suchen und so weiter).

Organisieren Sie sich und Ihren Arbeitsplatz auch rund um den PC so, dass Sie bestens auf potenzielle Anrufer vorbereitet sind:

● Unterlagen, die Sie öfters benötigen (Verzeichnisse, Preislisten, Kataloge, Kalender usw.).
● Die Möglichkeit, etwas per Hand zu notieren (Papier, Stift, Formulare usw.).
● Weitere Geräte (Headset, Taschenrechner, schnurloses Telefon, usw.).

Was können Sie optimieren

Überprüfen Sie Ihren derzeitigen Arbeitsplatz und notieren Sie hier, was Sie verändern möchten:

Ihr Arbeitsumfeld ist das eine (s. S. 139) – Ihre Gesprächsvorbereitung das andere. Was auch immer Ihre Aufgabe (oder die Ihrer Mitarbeiter) sein mag, vorbereiten können Sie sich auf Anrufe gleichartig – und das sollten Sie auch tun.

● Gesprächsbereitschaft: Ich bin jederzeit in der Lage und Willens, meine aktuelle Tätigkeit zu unterbrechen, sobald das Telefon läutet. Ansonsten wäre das Telefon als Konsequenz abzustellen!
● Abwesenheit regeln: Sollte ich meinen Arbeitsplatz vorüber gehend oder auf Dauer verlassen, sorge ich für Ersatz. Durch Voice-Mail oder Anrufumleitung – beziehungsweise melde ich mich aus der ACD-Anlage ab.

- **Begrüßung:** Ich habe eine Meldeformel parat, mit der mein Anrufer sich willkommen geheißen fühlt (s. S. 106).
- **Informationen einholen:** Ich erfrage den Grund des Anrufs und kläre die Ziele des Anrufers beziehungsweise des Gesprächs.
- **Standardsituationen:** Ich kenne 95 Prozent der Anrufsituationen und kann damit bestens umgehen. Das heißt, 95 Prozent der Anrufe oder mehr bringe ich sofort zum Abschluss – oder mindestens innerhalb einer klar definierten und überschaubaren Zeit. – Prüfen Sie diesen Wert mit Ihrer Situation ab – das ist ein echter Benchmark!

Dazu gehören auch Details wie:

- Entscheidungsrahmen für das Beschwerdemanagement.
- Alternativpartner für Sondersituationen, an die Sie ein Gespräch weiterleiten beziehungsweise bei denen Sie Rücksprache nehmen können.
- Zugriff auf Kundendaten (Liefer- und Zahlungssituation und so weiter).

»Einen Moment, ich nehme ihren Brief eben aus meiner Mappe«

Ihre Wunschliste, aus der ein »to do« werden kann

Was benötigen Sie sonst noch für Ihre spezifische Situation in Ihrem Arbeitsalltag? Wofür sorgen Sie bei Ihren Mitarbeitern?

Meist macht es sich gut, dem Telefonpartner einen Rückruf anbieten zu können, wenn das Klären eines Vorgangs subjektiv zu lange dauert. Wenn Sie dies erfüllen, bieten Sie jedenfalls den erwarteten Mindeststandard, ob in Service oder Hotline. Beim Vermitteln von Gesprächen. In Bestellannahme oder Info-Line. Doch wie steht es mit der berühmten »Meile mehr«?

Welche Extras könnten Sie bieten?

Überlegen Sie bitte zwei, drei Minuten, was Sie an Überraschendem bieten. Was tut sich bei Ihnen, was über die reine Erwartung des Anrufers hinausgeht? Platz für Notizen:

Es folgen nun drei Beispiele, wie sie zur Kundenbindung beitragen können, also Anrufer wie Unternehmen erfreuen.

Extras: Weisen Sie Ihre Gesprächspartner auf besondere Vorteile hin: Versandkostenfrei ab € ... – »wenn Sie statt acht gleich zehn Exemplare nehmen ...«. Oder weisen Sie hin auf ein Angebot, das nur noch bis (Datum) gilt und so weiter.

Kundenzufriedenheit: Womit ist Anrufer mehr oder weniger zufrieden? Was würde er oder sie sich wünschen? Möchte der Kunde an einer Freundschaftswerbung (Kundenclub) teilnehmen? Vorteile nennen.

Zusatzumsatz, häufig Cross-selling genannt: Was sonst könnte den Anrufer interessieren? Kennt er das Angebot des Monats? Hat er an Geschenke gedacht? Welche andere Abteilung könnte Bedarf haben?

Sie sehen: Ob Sie nun Bestellungen annehmen, Reklamationen klären oder Fragen beantworten, jetzt sind Sie wohl vorbereitet. Es gilt: Beschäftigen Sie sich immer mit *einer* Veränderung. Seien Sie behutsam – bei sich selbst wie auch bei anderen.

Aktives Telefonieren

Kehren Sie nun die Situation um: Sie selbst sind der Anrufer. Damit bestimmen Sie das Gespräch stärker. Ihre Rolle ist die des thematisch Bestimmenden. Sobald Sie zum Hörer greifen (oder Tasten drücken, den Sprech-Hör-Kontakt über Ihr Headset herzustellen), sind Sie aktiv. Das heißt Sie agieren im ersten Schritt statt zu re-agieren. Reagieren tun Sie dann sicher auch – im weiteren Verlauf des Telefondialogs.

Stellen Sie sich auf Ihren Gesprächspartner ein. Das schaffen Sie am besten, indem Sie seine Rolle einnehmen. Wie geht es denn Ihnen, wenn Sie selbst »reaktiv telefonieren« (s. S. 33). Fühlen Sie sich manches Mal gestört, wenn das Telefon klingelt?

Lernen Sie aus diesem Rollenverständnis und verhindern Sie von vorneherein ein abwehrendes Gefühl beim Angerufenen, zum Beispiel so:

Fragen Sie, ob es dem Angerufenen jetzt passt – »oder wann (in der nächsten Stunde) soll ich Sie besser nochmals anrufen, damit wir (vier bis … Minuten) über (Ihr Angebot) sprechen?«

Beachten Sie die Formulierung: Entscheidend ist, dass Sie einen für Sie akzeptablen Zeitraum nennen, innerhalb dessen der Kontakt erneut erfolgen sollte. Ansonsten verschiebt sich der Anruf auf den Sankt-Nimmerleins-Tag: Ein scheinbares Akzeptieren wird zum schlichten Wegschieben! Und wenn Sie schon hier einen für den Angerufenen wahrscheinlich akzeptablen Zeitrahmen nennen, bezogen auf die potenzielle Gesprächslänge, schaffen Sie zusätzlich Akzeptanz. Achtung: Der genannte Zeitraum muss glaubwürdig und nachvollziehbar sein.

Alltag im Telefonmarketing

Was sonst empfinden Sie als wichtig, wenn Sie Ihre Aktivtelefonate Revue passieren lassen? Hier geht es uns noch um Grundsätzliches; um Details kümmern wir uns später. Also: Wofür hätten Sie gerne Lösungen, damit Sie sich den Alltag (für Mitarbeiter?) leichter machen?

Vielleicht waren einige dieser Aspekte dabei:

● Wie finde ich den optimalen Kontakt beim Einstieg ins Gespräch? Hier geht es um die berühmten ersten Sekunden – ein wichtiges Thema. (s. S. 106)

- Welche Wege führen zum gewünschten Abschluss? Wie mache ich mehr aus dem Abschied? (s. S. 112)
- Welche Argumente für die mündliche Präsentation und Antworten auf Einwandfragen benötige ich? (s. S. 94)
- Wie stelle ich welche Fragen und übernehme so die Gesprächsführung? (s. S. 86)

Oder Sie haben zum Beispiel notiert: Wie überwinde ich Schwellen – also Zwischenkontakte, die mich am Erreichen des gewünschten Zielpartners hindern? Womit überzeuge ich Angerufene, dass sie echte Nutzen/Vorteile von mir und meinem Angebot haben? Welche Hilfsmittel nutze ich, damit ich eine weitere Chance bekomme – nach einem »nein« des anderen? – Das sind allgemeine Fragen für Aktivanrufe. Prüfen Sie für sich diese Antworten als Möglichkeiten.

> ### Nutzen Sie Zwischenkontakte als Helfer!
>
> Wie überwinde ich Schwellen? Sie haben das Gefühl, zu lange an Zentrale-Vermittlung, Sekretariat oder Assistenz hängen zu bleiben – oder zu selten wirklich zum gewünschten Partner durchzukommen? Notieren Sie bitte hier einen üblichen Satz, mit dem Sie versuchen, »die Schwelle zu überwinden«:
>
> ---
>
> ---
>
> ---
>
> ---

Dies ist eine typische Situation für Erstkontakte – oder für Nachfasstelefonate mit einem Partner, den Sie erst für Ihr Angebot motivieren müssen. Versuchen Sie es einmal in der folgenden Art: »*Schönen guten Tag, ich bin Vorname Name von ABC in XYZ. Ich sollte Vorname (!) Name sprechen – oder wer sonst ist bei Ihnen der Verantwortliche für (Ihr Angebot)?!*«

Wichtig ist: Sie verkürzen die Distanz und bringen sich voll ein. Das Gespräch wird persönlich – und zwar zwischen Ihnen und Ihrer

»Schwelle«. Ihr Angebot führen Sie als Gesprächsthema ein. Sie bitten indirekt die »Schwelle« um Mithilfe, was die korrekte Zielperson angeht. Achtung: Statt »zuständig« (das könnte Hinz und Kunz sein) verwenden Sie »verantwortlich«! Warum ist der Vorname des Ansprechpartners so wichtig? Ganz einfach: Diese Kenntnis macht Sie bekannter, scheinbar jedenfalls. Denn woher kennen Sie bloß den Vornamen des Angerufenen?! Sie können auch folgendermaßen einsteigen: *Guten Tag, Frau Name. Für mein Gespräch mit Vorname (!) Name über (Ihr Angebot) – passt es ihm jetzt gut – oder wann in (der nächsten Stunde) können Sie mich besser mit ihm verbinden? Das Gespräch wird etwa drei bis vier Minuten in Anspruch nehmen.«*

Wichtig: Sie sprechen Ihre »Schwelle« direkt und persönlich an. Wenn Ihnen der Name fehlt: Fragen Sie einfach (»Sie sind Frau ...?!« mit Frage-Intonation oben bleibend – in der Regel nennt die andere Person gleich ihren Namen.) Sie überlassen den Entscheid über das Verbinden Ihrer »Schwelle«, machen Sie so zum Partner.

Nun gehen wir zum nächsten Punkt über.

Womit überzeuge ich von meinen Nutzen?

Sicher gibt es Nutzenargumente, die Sie im Verlaufe eines typischen Telefonats einbringen, egal ob als Angerufener oder als Anrufer. Nennen Sie eines in kurzen Worten:

Tatsächlich geht es selten darum, »mit der Tür ins Haus zu fallen«. Vergessen Sie an dieser Stelle die klassische Vorteilspräsentation mit dem so genannten konkreten Nutzen. Entscheidend ist vielmehr, dass Sie Ihrem Partner vor Augen führen: »Oha, dieses Thema mit jenem Anrufer jetzt zu besprechen, das sollte interessant für mich sein.« Das erreichen Sie mit Formulierungen wie:

»Schönen guten Tag – ich spreche mit Herrn Vorname Name?!«
Persönliche Ebene erreicht – »Der kennt mich ja?!« Und »er will genau mich – warum wohl?«

»Herr Name, ich bin Vorname Name von Firma Ort. Grund meines Anrufs: Wenn es um (Ihr Angebot) geht, spreche ich darüber mit Ihnen – oder wer sonst ist verantwortlich dafür in Ihrem Unternehmen?«

Ihre Vorstellung – siehe oben. Verantwortlich für etwas zu sein, das fürs Unternehmen wichtig ist – das will Ihr Gesprächspartner gerne. Es sei denn, er ist es definitiv nicht. Dann erfahren Sie so, wer verantwortlich ist. Sie werden dann sozusagen »eingeführt« und können sich auf diesen Gesprächspartner beziehen. Oder er verbindet Sie gleich weiter. Es kann aber auch sein, dass das Thema definitiv ohne Belang für das Unternehmen ist: Dann sparen Sie Zeit und können die nächste Nummer anrufen. Klären Sie allerdings zunächst, warum das Thema auf wenig Gegenliebe stößt. Dazu sollten Sie auch beachten:

Welche Hilfsmittel, um ein »Nein« zu überwinden?

Welche typische »Nein«-Situation haben Sie gerade gestern oder in der letzten Woche erlebt?

Wie haben Sie darauf reagiert? Wie reagieren Ihre Mitarbeiter üblicherweise?

Entscheiden Sie aus der Situation heraus, ob Sie bereit sind, das »nein« (jetzt) zu akzeptieren. Fragen führen in jedem Fall weiter:

>*»Herr Name, im Moment kommt mein Anruf offenbar ungelegen. Wann passt es Ihnen (in der nächsten Stunde) besser, damit wir fünf bis sieben Minuten über (Ihr Angebot) sprechen?«*
>
>*»Frau Name, was müsste sich ändern, damit (Ihr Angebot) für Sie interessant werden könnte?«*
>
>*»Herr Name, was kann ich tun, Sie für (Ihr Angebot) zu interessieren?«*
>
>*»Frau Name, danke für Ihre Zeit! Ich verstehe, dass (Ihr Angebot) derzeit für Sie weniger in Frage kommt. Wann meinen Sie, könnte es für Ihr Unternehmen wieder eher interessant werden?«* (*»... unter welcher Voraussetzung ...?!«*)

Ziel ist es also, dass Sie am Ball bleiben und zugleich den Eindruck vermeiden, heftigen Druck auszuüben. Im Grunde lässt sich das zusammenfassen unter »höfliche Hartnäckigkeit hilft«: Dieses 3-H-Prinzip konsequent angewandt, sichert Ihnen mehr Erfolg beim aktiven Telefonieren.

Was Sie ausstrahlen, das kommt zurück: Ihre innere Einstellung – und die Folgen für Ihre Handlungen

Sie kennen die sprichwörtliche Redensart »Wie es in den Wald hineinruft, so schallt es auch heraus«. Das bedeutet für Ihren Alltag: Nehmen Sie positiven Einfluss auf den Gesprächsverlauf am Telefon, indem Sie so sind (Motto): »fröhlich, freundlich und flexibel«. Andererseits deutet diese Redewendung an, dass Sie den vielleicht auch einmal negativen Einfluss beachten sollten, den Ihre Gesprächspartner auf Sie und damit auf den Gesprächsablauf nehmen könnte. Will sagen: Vermeiden Sie, sich mitreißen zu lassen – andernfalls wird aus »Wie es in den Wald ...« rasch eine Einbahnstraße, eine Negativspirale. Lassen Sie uns eine übliche Situation beleuchten.

Wie reagieren Sie auf Beschwerdeanrufe?

Anrufer: »Was ist das denn für ein Scheißservice! Erst sagt ihr, innerhalb zwei Tagen ist die Lieferung da – und nach einer Woche warte ich immer noch!« Beschwerde also. – Was passiert nun in Ihnen?

Bleiben Sie cool? Toll! Das schaffen die Wenigsten, jedenfalls »einfach so«. Helfen können Sie sich mit einem Spiegel – so entdecken Sie, wenn sich Ihr Gesichtsausdruck verändert (Mundwinkel nach unten?). Oder einem Smiley – der erinnert Sie daran, wie wichtig es ist, die Mundwinkel oben zu behalten.

Extra-Tipp: Bessere Laune gewinnen

Holen Sie sich Vergnügen, wenn es Ihnen weniger gut geht. Leichter gesagt als getan? Schritt 1: Bewusst machen. Das passiert, weil Sie jemand auf dem Gang anspricht: »Na, schlecht gelaunt heute?«, oder: »Ouh, geht's Ihnen nicht gut?« Oder Sie haben Ihren Spiegel am Arbeitsplatz – oder schauen beim Gang aufs WC mal in den Spiegel: Die Mundwinkel zeigen Tendenz nach unten? Dann ist Handlungsbedarf angesagt: Holen Sie sich das Vergnügen von Ihren Anrufern oder Angerufenen.

- Achten Sie auf besonders freundliches Lächeln. Trainieren Sie so: Lachen Sie bewusst ungefähr 15–20 Sekunden vorm Spiegel. Sie merken, dass Ihre Laune besser wird.
- Nutzen Sie den Tipp »Name erläutern«, häufig erzielen Sie Heiterkeitserfolge. (Sie erinnern: »Reiter – wie der Mann auf dem Pferd«.)
- Seien Sie bewusst freundlich zu Ihrem Gesprächspartner. Das geht dann, wenn Ihnen selbst bewusst ist: Meine Laune war übel. Ergebnis Ihres bewussten Freundlichseins: Das kommt zurück.

Sich zu erinnern ist entscheidend – ruhig bleiben heißt hier »neutral bleiben«. Würden Sie jetzt strahlend oder lachend reagieren, würde Ihr Telefonpartner wahrscheinlich erst recht in die Luft gehen. Beim Formulieren haben Sie mindestens zwei Wege:

● **Sie gehen mit auf die emotionale Ebene:** »Oh, Herr Name, da haben Sie ja allen Grund, sauer auf uns zu sein!« »... dabei hätten Sie XYZ rasch gebraucht ...«
● **Sie nehmen den Partner mit auf die sachliche Ebene:** »Das heißt, ich sollte jetzt schnellstens feststellen, wo XYZ denn abgeblieben ist. Sagen Sie mir bitte ...« (Fragen nach Identifikations-Merkmalen für Kunde, Artikel und so weiter)

Sicher stimmen Sie mir zu, wenn ich behaupte: Jetzt sind Sie jedenfalls auf einem besseren Weg, den Vorgang zu klären und eine Lösung anzustreben, als wenn Sie selbst tief getroffen in Abwehrhaltung gegangen wären. Und damit Sie verarbeiten, was Sie auch im Nachhinein noch belasten könnte, gibt es Hilfen dieser Art:

● Nach erledigtem Telefonat reden Sie sich die Belastung von der Seele (kurz mit dem Kollegen, in der Pause mit mehreren Mitarbeitenden). Jetzt sind Sie losgeworden, was Sie sonst negativ belastet hätte. Mit der Folge, dass Sie nun besser gelaunt in ein weiteres ähnliches Gespräch gehen.
● Sie notieren kurz, wie Sie die Situation bereinigt haben. Auf diese Weise machen Sie sich Mechanismen bewusst – und für eine weitere ähnliche Gelegenheit neuerlich abrufbar. Sie profitieren unmittelbar!

Das können Sie steuern: durch eine Rubrik in Ihrem Formular »Gesprächsnotiz«, das Sie auf Papier oder in Ihrem Computer parat haben. Was uns zum »Königsweg« für einfühlsame Telefon-Kommunikation führt: Lassen Sie Ihren Gesprächspartner teilhaben an dem, was Sie gerade tun.

Sie kennen das bestimmt aus eigenem Erleben: Sie rufen ein Unternehmen an, etwas zu klären. Während des Telefonats mit dem Sachbearbeiter entstehen immer wieder Pausen. Das macht Sie unruhig, unwirsch und vielleicht sogar unsicher: Was macht der da? Warum dauert das so lange?

So »werden Sie« geholfen?

Was müsste geschehen, damit Sie Gefühle hätten wie: Klasse, der weiß, was er tut!

Danke – und das könnte sich zum Beispiel so anhören:

»Herr Name, ich blättere jetzt mal im Computer ...« »Frau Name, Ihre Adresse ist ... – ist das richtig so?« »Sie hätten gerne (Ihr Angebot) – das ist lieferbar, das sehe ich hier. Letztes Mal sollten wir liefern an ... dieses Mal auch?«

Haben Sie dabei ein besseres Gefühl? Dann erinnern wir uns: Am Telefon kommunizieren Sie ausschließlich per sprechen und hören, die anderen Sinne müssen ersetzt werden. Das gelingt bestens, indem wir beschreiben, was wir gerade tun. Denn ansonsten kann der Zuhörer »auf der anderen Seite« die Abläufe bestenfalls erahnen.

Nutzen Sie diese Erkenntnis für Ihre Reaktiv-Einstellung: Ihr Anrufer versucht, möglichst viel aus Ihrer beider Telefonat »herauszuhören«. Überlegen Sie sich, welche Details Sie Ihren Gesprächspartnern verbal erläutern könnten.

Setzen Sie Ihre Überlegungen möglichst sofort im Alltag um. Denn damit lernen Sie zugleich, so genannte »unausgesprochene Hörer-Fragen« bei Ihrer Kommunikation gleich zu berücksichtigen.

Kommunikationsspezialisten meinen damit diese und ähnliche Fragen, die zwar gedacht werden – doch nur selten ausgesprochen:

● Wer ruft da an? Wie heißt die? Welche Firma?
● Von wo ruft der an? Wofür ist die zuständig?
● Was will der von mir? Wieso ruft die ausgerechnet mich an?
● Will der mir was verkaufen? Wie sage ich jetzt möglichst rasch »nein« und bleibe doch höflich?

Liefern Sie außerdem Ihrem Gesprächspartner gute Gründe, mit Ihnen in Kontakt bleiben zu wollen. Bieten Sie Antworten auch auf (unausgesprochene Hörer-)Fragen dieser Art:

● Warum sollte ich mit dem überhaupt weiterreden? Wäre es besser, ich lege auf? Was habe ich davon, wenn ich dranbleibe?
● Eigentlich habe ich was anderes zu tun – ist das interessant für mich? Warum sollte ich das andere warten lassen?
● Wie wimmele ich die bloß ab? Was entgeht mir dann?

Dabei haben Ihre Stimme und Ihre Art zu sprechen erheblichen Einfluss auf die Bereitschaft Ihres Gesprächspartners, das Telefonat mit Ihnen fortzusetzen: Thema des nächsten Kapitels!

Stimme und Sprechen

Ihr Telefon-»Instrument«

Stimmen Sie für den Zuhörer?!

Wie gefällt Ihnen dieses kleine Wortspiel? Tatsächlich sind darin genau jene Denkanstöße ausgedrückt, die Sie beim Telefonat geben. Ob als Anrufer (aktives Telefonieren) oder als Angerufener (re-aktives Telefonieren):

● Sie vermitteln Ihrem Gesprächspartner (= Zuhörer) den Eindruck, sich voll auf die Kommunikation mit ihm zu konzentrieren – statt sich ablenken zu lassen und eher »nebenbei« auch noch zu telefonieren. *In dieser »Abstimmung« votieren Sie* also zu 100 Prozent für den Zuhörer!
● Sie kommen bei Ihren Gesprächspartnern »authentisch« an, wirken glaubhaft statt künstlich oder gekünstelt. Der Zuhörer gewinnt den Eindruck, *Sie seien stimmig.*
● Ihr Gesprächspartner hört Ihnen gern zu, er lauscht gerne Ihrer Stimme. Das heißt, Ihre Art zu sprechen stößt auf positive Resonanz: Eine *wohl klingende Stimme* und wohl geformte Sätze tragen dazu bei.

Mit den Inhalten zu den ersten beiden Punkten beschäftigen wir uns an anderer Stelle in diesem Buch (s. S. 106). Kriterien zur Beurteilung des Stimmeinsatzes lernen Sie nun hier in diesem Kapitel kennen, Schritt für Schritt. Und damit gebe ich Ihnen Instrumente an die Hand, Veränderungen bei sich wie bei anderen anzustoßen. Um damit noch besser für Ihren Zuhörer »zu stimmen«. Die Fortsetzung »Sprechen als Formulieren« folgt dann auf Seite 74ff. und so weiter

Wieder gilt: Beobachten Sie andere, um daraus zu lernen. Das fällt meist leichter, als die »Metaposition« einzunehmen, also sich selbst quasi »von außen« zu beobachten. Es sei denn, Sie zeichnen Gespräche auf und analysieren sie im Nachhinein.

Extra-Tipp:
Monitoring, Coaching & Co. – was ist zu beachten?

Wenn Sie Gespräche aufzeichnen, um Ihren Telefondialog später genauer verfolgen zu können, beachten Sie unbedingt:

- Sie benötigen die Zustimmung des Gesprächspartners, wenn Sie seinen Gesprächsteil ebenfalls aufzeichnen, etwa über die Lauthör-Funktion Ihres Telefonapparats.
- Sie benötigen außerdem die Zustimmung des Betriebsrats (so vorhanden), wenn Sie Gespräche Dritter aufzeichnen wollen (eines Mitarbeiters also; dessen Zustimmung benötigen Sie natürlich sowieso!).
- Gesprächsaufzeichnungen sind jedenfalls nach Nutzung umgehend zu löschen.

Eine interessante Variante ist das »reine Mithören-Lassen« eines Dritten, der Ihnen Feedback gibt: Monitoring meint das live Mithörenlassen, Coaching ist der Überbegriff: Hier sind auch Gesprächsaufzeichnungen inbegriffen.

Um Ihre Fremdbeobachtung zu verbessern, »hören« Sie Fernsehen (mit geschlossenen Augen) oder noch besser gleich Hörfunk. Beachten Sie, wie Nachrichtensprecher und Moderatoren sprechen. Sie können auch bei Ihren nächsten Telefonaten darauf achten, was Sie selbst erleben, wenn Sie angerufen werden. Achten Sie ganz bewusst darauf. Hören Sie auch bei Ihren Kollegen zu. Und: Lassen Sie unbedingt auch andere bei sich zuhören.

Reden Sie, »wie Ihnen der Schnabel gewachsen ist«?

Vermeiden Sie Verständigungsschwierigkeiten! Bestimmte deutsche Dialekte sind beliebter als andere: Entsprechende Nachrichten über neueste Befragungsergebnisse zu diesem Thema »kehren alle Jahre wieder«. Was bedeutet für unser Thema eine solche Aussage, dass zum Beispiel das Bairische an der Spitze der Beliebtheitsskala stehe, Schwäbisch und Sächsisch dagegen am Ende. Wenn es um optimale Verständigung per Telefon geht, meint die Dialektfrage:

- Der Sprecher eines Dialekts wird vom Zuhörer offener oder weniger offen angenommen, je nach Beliebtheit (Erwartung laut statistischem Durchschnitt). Ausnahmen: Gesprächspartner des selben Dialekts – hier kann der heimatliche Klang sogar besonders wichtig sein. Oder: Dialekt mit hohem Identifikationsgrad, siehe Schwyzerdütsch (das als Sprache gewertet wird).
- Je stärker Sie Dialekt sprechen, desto weniger gut werden Sie verstanden. Sobald der dialektale Anklang »Bairisch« ins Bayerwald-Idiom abgleitet, sinkt die Akzeptanz auch dieses beliebtesten Dialekts erheblich. Ausnahmen: siehe oben.
- Wenn Sie Ihren Dialekt bewusst einsetzen, Ihrem Zuhörer den erwarteten Standort Ihres Unternehmens zu signalisieren, gelten ebenfalls die beiden erst genannten Punkte.

Beispielsweise ein bundesweit aktives Unternehmen: Es bietet sich an, das zentrale Call-Center auch dann mit Sprechern vom Sitz des Unternehmens auszustatten, wenn das Call-Center ganz woanders sitzt (zum Beispiel ein Dienstleister ist). Oder mit »total neutralen« Sprechern. Ansonsten entstünde ein Fragezeichen: »Wieso ruft mich ein Bayer an, wenn der Laden in Hamburg ist?«

Was unterscheidet denn nun »neutrales Sprechen« vom Dialekt (Mundart) oder Akzent? Lassen Sie uns als Messlatte das »andere Extrem« wählen: die Bühnensprache.

Dies sind wichtige Aspekte, die den Unterschied zwischen Dialekt und Hochsprache ausmachen – gesprochener Sprache wohlgemerkt:

	Dialektal	**Hochsprache**
Aussprache generell	Eher nuschelnd, verhuscht.	(Über)deutlich artikuliert.
Vokale (Selbstlaute: a e i o u)	Nähern einander an (Richtung a/e).	Klar unterschieden (Zunge, Lippen).
Konsonanten (Mitlaute, zum Beispiel k t p)	Gehen ineinander über.	Stimmton und Behauchung sind zu Hören (b:p, d:t, g:k).
Wortende	Eher »verschluckt« (Lehra statt Lehrer).	Vokale und Konsonanten auch am Ende deutlich.
Wortübergänge	Enge Verbindung Ende eines Wortes mit Anfang des nächsten Wortes.	Die Wörter sind deutlich getrennt.

Wenn Sie sagen, »Hochsprache klingt eher gestelzt«, stimmen Ihnen die meisten (Zu-)Hörer zu. Tatsächlich geht es gerade beim Telefonieren um eine gut verständliche Umgangssprache. Bühnensprache (»Könich« statt »König« zum Beispiel oder überdeutliches Sprechen der Wortenden) wird mit Schauspielerei gleichgesetzt und ist deshalb zu vermeiden – Sie wollen doch natürlich klingen!

Neben dialektalen Anklängen gibt es noch folgende Abweichungen von der »deutschen Standardsprache«.

● **Akzente:** Nichtdeutsche Muttersprachler sprechen ihr Deutsch mehr oder weniger stark akzentuiert. Wie bei Dialekten kommt das unterschiedlich gut an. Wenn Sie darauf verzichten, Ihren Vornamen einzudeutschen, haben Sie bereits viel gewonnen: Selbst bei deutschem Nachnamen wird die fremdsprachliche Herkunft durch den (leichten) Akzent bestätigt.

● **Sprachfehler:** Sie entstehen häufig durch physiologische Abweichungen oder psychische Belastungen und erfordern vielleicht spezielles Training beziehungsweise Reparaturen. Dafür sind Fachärzte, Logopäden oder auch Psychologen geeignete Ansprechpartner. Beispiele: Zahn- oder Lippenschäden (Hasenscharte), Stottern.

● **Stark introvertiertes Sprechen:** Kennzeichen sind leises, gehetztes, verhuschtes Sprechen, was im Volksmund mit »schüchtern« gleichgesetzt wird. Erstaunlicherweise fällt vielen Schüchternen das Sprechen am Telefon leichter als im persönlichen Kontakt: Das »Ferngespräch« kann also eine gute Übung sein, an der eigenen Schüchternheit zu arbeiten, sich künftig leichter für Menschen zu öffnen. Verständigungsschwierigkeiten dieser Art gleichen Sie auch aus, indem Sie die Lautstärke an Ihrem Telefon verändern – das sollte heute jeder Apparat bieten. Oder den Hörer (beziehungsweise das Mikrofon des Headsets) bewusst vor Ihren Mund bringen statt eher unterhalb, wie sonst üblich.

Starke Dialektanklänge vermeiden

Übertragen Sie das oben über Dialekte Gelesene auf ähnliche, vergleichbare Situationen. Überlegen Sie, worauf Sie künftig besonders achten möchten, und notieren Sie diese Aufgaben hier:

Ihr »Programm« (oder das Ihrer Mitarbeiter) für 14 Tage könnte zum Beispiel so aussehen:

- Beim Start meines Arbeitstages prüfe ich meine Tageslaune mit einem Blick in den Spiegel. So stelle ich mich bewusst darauf ein, freundlich zu sein – auch und gerade am Telefon, als Anrufer wie als Angerufener.
- Beim Wählen oder beim Klingeln meines Telefons löse ich mich von meiner aktuellen Tätigkeit, atme tief ein und aus – und lächle bewusst. So komme ich bestens an.
- Ich melde mich mit Vorname, Name, Firma und Ort – und bestätige dem Gesprächspartner, »ganz Ohr« zu sein. Damit klappt der Gesprächsstart bestens!
- Damit ich Feedback gewinne, wie deutlich ich spreche, wähle ich mindestens eine dieser Varianten:
  - Ich zeichne mein Gesprochenes mit einem Rekorder auf. Das ist zulässig, Fragen an Gesprächspartner und Lauthören am Telefon vermeide ich auf diese Weise.
  - Dito – mit Lauthören und Aufzeichnen beider Gesprächspartner. Erlaubnis hole ich ein.
  - Ich bitte einen Kollegen, mir bewusst zuzuhören. Wir sprechen darüber, analysieren meine Verständlichkeit.
  - Bei Telefonaten unter Kollegen bitte ich meinen Gesprächspartner nach Gesprächsschluss um Feedback.
- Ich notiere mir, was ich ändern möchte – und versuche dies jeweils bei den nächsten Gesprächen.
- Abends achte ich bei Radio und Fernsehen darauf, wie die Sprecher artikulieren.

Ein Programm, das Sie gerne wiederholen dürfen, über die 14 Tage hinaus. Allerdings rate ich Ihnen, die Hausaufgaben abwechslungsreicher zu gestalten: Auch die nun folgenden Abschnitte bieten Ihnen reichlich Stoff!

Die Melodie bestimmt den »mood«

Sie haben das vielleicht auch schon erlebt als Angerufener: Sie haben den Eindruck, Ihr Gesprächspartner lese von einem Blatt ab, aus einem vorformulierten Skript?

Woran Vorleser erkennen?

Überlegen Sie bitte, welches die deutlichsten Signale dafür sind, dass Ihr Gesprächspartner abliest, statt frei zu sprechen:

Sicher haben Sie einige dieser Aspekte aufgelistet:

● Monotones Sprechen statt einer Sprachmelodie mit wechselnder Betonung.
● Pausenloses Sprechen statt kürzerer Textteile mit Sprechpausen.
● Desinteressiertes Vortragen statt engagiertem Präsentieren.
● Weitere Ihrer Notizen beziehen sich wahrscheinlich auf Lautstärke und Sprechgeschwindigkeit – darauf kommen wir in den nächsten Kapiteln!

Das alles läuft darauf hinaus, dass eine Person einen Text bereits häufig gesprochen hat und nun zum »423. Mal« hinter sich bringt. So kommt auch ein »Was kann ich für Sie tun?« eher negativ an: Wer glaubt schon, dieses »Waskanifüsitn« sei ernst und ehrlich gemeint?

Lassen Sie uns beleuchten, woran Sie konkret messen, wie gut für die drei genannten Punkte Ihr Sprechen bereits ist und wie Sie am besten an Veränderungen arbeiten.

Ersetzen Sie monotones Sprechen durch klangvolle Intonation.
Zu unterscheiden ist das leicht: Geht die Stimme rauf und runter, entsteht Sprechmelodie. Achten Sie darauf, dass die Intonation natürlich klingt: Für die Satzmelodie gibt es in der deutschen Sprache eine natürliche Abfolge – bei Aussagen geht die Stimme nach unten, bei Fragen nach oben. Wie stark wir auf diese Satzmelodie geeicht sind, können Sie selbst ganz einfach prüfen: Sprechen Sie laut den folgenden Satz mit abfallender Betonung: »Möchten Sie sich (Ihr Angebot) sichern« – dann wird daraus eher eine Aussage oder Aufforderung statt einer Frage. Oder umgekehrt wird per Frage-Intonation (also ansteigend) tatsächlich eine Frage aus »Das ist doch interessant für Sie?«. Fazit: Variieren Sie Ihren Stimmfluss.

Was erreichen Sie damit eigentlich? Beobachten Sie sich einmal selbst in Ihrer Reaktion als Zuhörer, etwa bei Nachrichten in Fernsehen und Hörfunk – besser bei Rednern, etwa im Deutschen Bundestag. Sie erleben dann diese Effekte:

- Sie hören aufmerksamer zu, wenn der Sprecher abwechselnd intoniert – andernfalls wandern Ihre Gedanken.
- Sie tun sich erheblich leichter, den Inhalt des Gesprochenen zu verstehen – ohne Intonation haben Sie mehr Mühe zu folgen.
- Sie verstehen den Sprecher bei geringerer Lautstärke – weniger Intonation bedeutet, Sie müssen lauter drehen.
- Was Sie erleben, gilt entsprechend für das Erleben Ihres Gesprächspartners am Telefon.

Strukturieren Sie Ihren Dialog mit Hilfe von Pausen.
Gönnen Sie sich und Ihrem Zuhörer eine Denkpause, das ist die Botschaft. Damit werden Sie besser verständlich: Sieben Einheiten Information kann ein durchschnittliches Gehirn gut in einem Durchlauf verarbeiten – es dürfen auch weniger sein. Wie viele dieser »bits« Sprache erfordert, hängt von der Struktur eines Kommunikationssystems ab. Die Sätze dieses Buchs sind auf dieses Ziel hin

ausgerichtet: Sieben bits oder weniger je Einheit = Satz – dazu später mehr (s. S. 70). Merken Sie sich für jetzt:

- Pausen in gesprochener Sprache dort, wo Sie im geschriebenen Text ein Satzzeichen sehen (Punkt, Komma, Doppelpunkt).
- Wenn Sie außer Atem sind, braucht außer Ihnen selbst auch Ihr Zuhörer (längst) dringend eine Pause ...
- Lieber eine Pause mehr: Sobald Sie ein entsprechendes Signal auffangen, stoppen Sie besser Ihren Redefluss.

Schön, und was bringt das nun für Ihren Dialog am Telefon? Auch hier gilt, dass Ihr Partner leichter folgen kann. Außerdem tun Sie sich selbst als Sprecher leichter, frei formuliert Ihre Gedanken zu vermitteln – statt abzulesen.

Lassen Sie Begeisterung aufstrahlen.

Stehen Sie hinter dem, was Sie vermitteln? Ihr Angebot XYZ, Ihre Leistung ABC? Prima, dann zeigen Sie das bitte auch! Neben dem Auf und Ab Ihrer Stimme, wird Begeisterung so erkennbar:

- Sie sprechen druckvoller – mit Nachdruck statt sanft zurückhaltend. Das fällt Männern leichter als Frauen. Erkennbar wird das an stärkerer Behauchung, etwa bei p, t, k oder b, d, g.
- Sie betonen einzelne Wörter stärker als andere. Dies ist meist verbunden mit Absenken der Stimme und/oder Veränderung der Sprechgeschwindigkeit (langsamer oder schneller).
- Sie setzen eine (kurze) Pause vor dem Wort, das Sie betonen möchten – oder machen unmittelbar danach eine (kurze) Pause. Damit konzentrieren Sie zusätzlich Aufmerksamkeit Ihres Zuhörers auf genau diesen Ausdruck: Sie signalisieren eigenes konzentriertes Überlegen vor dem Aussprechen des Gedankens.
- »Ich« oder »wir« an Stelle des unpersönlichen »man« sind Wort-Signale, auf die wir beim Formulieren näher eingehen (s. S. 102). So zeigen Sie, voll für Ihr Angebot einzustehen.

> ### Begeisterung am Telefon: heute und morgen
>
> Was davon beachten Sie bereits heute an sich selbst oder an Ihren Mitarbeitern und Kollegen?
>
> --
>
> --
>
> --
>
> --
>
> --
>
> Was fehlt Ihnen noch, was können und wollen Sie künftig stärker einbringen?
>
> --
>
> --
>
> --
>
> --
>
> --

Der Fachausdruck für diese Art der Darstellung heißt »Emphase«. Wer seinen Text vom Blatt abliest (zum Thema »Skript« s. S. 116), muss sehr bewusst Begeisterung in seinen Vortrag hineinlegen. Wenn Sie so richtig loslegen, müssen Sie sich vielleicht eher bremsen. Und auf Ihre Lautstärke achten – dazu kommen wir jetzt.

Laute Töne spucken?

Sie haben das vielleicht auch schon beobachtet: Wer sich in einem besonders lauten Umfeld bemerkbar machen möchte, versucht dies durch noch lauteres Rufen, Schreien oder gar Brüllen. Heißt das, Sie werden am Telefon besonders gut verstanden, wenn Sie möglichst laut sprechen? Nun, es mag doch ein Unterschied sein zwischen »sich bemerkbar machen in der Menge« und dem Dialog am Telefon. Wie erleben Sie selbst Gesprächspartner, die mit einem besonders lauten Sprechorgan gesegnet sind? – Viele Antworten gehen in die Richtung: *»Ich habe gedacht, der springt mir ins Ohr!«,* *»Wieso, dachte ich, ist der denn so aufge-*

regt?!«, »Oh je, so ein Gespräch möchte ich beenden, so schnell es geht!«, »Da bleibt nur eines: Schnellstens den Hörer weghalten ...«

Offensichtlich empfinden wir sehr lautes Sprechen eher als aggressiv und reagieren mit Ablehnung. Sehr selbstbewusste Menschen tendieren dazu, Unsicherheit herauszuhören – das führt zur Unlust, das Telefonat fortzusetzen. Welche Konsequenzen sind abzuleiten zum Thema »Lautstärke am Telefon«?

- Möglichst neutrale, mittlere Lautstärke ist angesagt. Damit erreichen Sie wahrscheinlich jeden Gesprächspartner: Den, der selbst eher laut ist wie auch den eher leisen.
- Von dieser Start-Lautstärke aus sind Sie jederzeit in der Lage, sich der Lautstärke des anderen anzunähern, wenn Sie dies möchten. Ziel dabei ist es, dem Partner auf gleicher Ebene zu begegnen. Sprechen Sie sehr laut, Ihr Partner sehr leise (oder umgekehrt), müssten Sie Ihre eigene Lautstärke abrupt und deutlich erkennbar verändern. Wenn dies Ihrem Zuhörer auffällt, empfindet er Sie vielleicht als weniger authentisch.
- Lautstärke hat auch etwas mit Nachdruck beim Sprechen zu tun. Gerade kinästhetisch (also körperlich) empfindende und empfindliche Zuhörer könnten sich stark unter Druck gesetzt fühlen. Mit der Folge, dass sie sich eher aus dem Dialog mit Ihnen zurückziehen.

● Achten Sie immer darauf, worauf lauteres Sprechen beim Gesprächspartner zurückzuführen ist: Ist er selbst unsicher? Tendiert er zur Schwerhörigkeit?

● Verändern Sie unbedingt Ihre Lautstärke im Verlauf des Dialogs. Sie bringen Dynamik ins Spiel – und Sie betonen jene Passagen, die Sie hervorheben möchten.

Profis setzen dieses »lauter« und »leiser« taktisch ein, um Nachteile zurückzunehmen und Vorteile besonders deutlich zu machen. Beispiel: Den hohen Preis eher leiser, wenn auch gut verständlich – ansonsten würden sie unsicher klingen. Die Leistung mit dem besonderen Vorteil für den Käufer (»Zwölf zum Preis von zehn!«) dagegen eher laut. Immer in Maßen, um kompetent zu erscheinen.

Apropos kompetent: Lauter gilt im Durchschnitt als eher kompetent, da sicherer. Hüten Sie sich also davor, andauernd sehr leise zu sprechen: Sie wirken dadurch häufig weniger kompetent, weniger sicher – und damit weniger glaubwürdig. Ihr Gesprächsziel erreichen Sie wahrscheinlich trotzdem – der Weg dorthin kann länger werden und schwieriger. Sei es

● bei einer Reklamation: Ihr Partner möchte immer noch mehr herausholen, weil er fühlt, dass Sie eher unsicher sind.

● bei der Verkaufsverhandlung: Ihr Partner hört aus Ihren leisen Worten heraus, am Preis sei noch was zu machen …

● … oder ist unsicher, ob er mit seinem guten Gefühl gegenüber Ihrem Angebot wirklich richtig liegt: Wo bleibt bloß die Begeisterung bei diesem Verkäufer – glaubt der tatsächlich an sein Produkt? (»Lauter« wird eher als begeistert verstanden.)

● beim Abschotten Ihres Chefs: Ihr Anrufer sieht eine weitere Chance, Ihnen doch noch einen Besuchstermin abzuschwatzen …

Fazit: Tönen Sie laut und deutlich. Vermeiden Sie Schreien genauso wie Säuseln, gerade am Telefon. Wählen Sie jene Mittellage, die Sie bei Musik als »Zimmerlautstärke« empfinden würden – vielleicht besser »Zimmerleisschwäche« genannt. …

Prüfen Sie, ob Sie diesen Punkt bereits in Ihrer Liste stehen haben. Vielleicht fallen Ihnen noch weitere Punkte für Ihr 14-Tages-Programm ein. Hier noch einige Vorschläge:

- Sie trainieren lauteres/leiseres Sprechen durch eine der Ihnen bekannten Formen (Aufzeichnen, Kollege, Fernsehen ...).
- Sie gewöhnen sich an, Ihren Telefonpartner konkret zu fragen: »Spreche ich laut und deutlich, Herr/Frau XYZ?« (nur für die Trainingszeit gedacht)
- Achten Sie bewusst auf die Lautstärke Ihres Gesprächspartners. Sagen Sie ruhig einen Satz dieser Art, wenn Ihnen danach ist: »Sprechen Sie bitte etwas lauter, ich verstehe Sie (sehr) schlecht!«, oder auch: »Bitte sprechen Sie ein wenig leiser – ich verstehe Sie auch dann noch sehr gut!«

Extra-Tipp: Leiser lauter

Wie gewinnen Sie am Telefon mehr Aufmerksamkeit von einem offenbar abgelenkten Zuhörer? Versuchen Sie es so:

- Sie gleichen Ihre Lautstärke jener Ihres Partners an – meist spricht er eher laut, um selbst die Ablenkung zu übertönen (etwa sich unterhaltende Kollegen im selben Raum).
- Dann werden Sie langsam oder auch relativ abrupt leiser. Nun ist Ihr Zuhörer gezwungen, konzentrierter hinzuhören – Sie nähern ihn sich an.
- Im Extremfall flüstern Sie: Sie sprechen mit starkem Atemdruck durch Ihre Kehle. Das Gesprochene ist auf kurze Entfernung sehr gut verständlich. Allerdings sollten Sie nur kurze Zeit flüstern – es strengt Ihren Sprechapparat sehr an und kann auf Ihre Stimme schlagen.

In der Regel holen Sie auf diese Weise viel mehr Aufmerksamkeit, als wenn Sie selbst anfangen, (noch) lauter zu sprechen.

Mal langsam zum Mithören

In dieser Aufforderung liegt viel Wahrheit: Häufig sprechen wir zu schnell. Im Gespräch wird dann eher ein »Mal langsam zum Mitdenken« daraus – und schon haben Sie ein Problem: Während Sie bereits den nächsten Gedanken herunterhaspeln, hängt Ihr Zuhörer noch bei jenem, den Sie gerade ausgesprochen hatten. Aus dem Dialog wird ein Monolog, Sie haben die Aufmerksamkeit des anderen verloren.

Radarwarnung für zu schnelles Sprechen

Um zu lernen, wie Sie die passende Sprechgeschwindigkeit finden und einhalten, analysieren Sie bitte zunächst die Gründe für (zu) schnelles Sprechen:

Sie finden hier einige wichtige Gründe für zu schnelles Sprechen:

1. Die Sorge, der Gesprächspartner habe wenig Zeit und Geduld für mein Anliegen.
2. Der Wunsch, möglichst viel in diese kurze Zeit hineinzuquetschen, die scheinbar zur Verfügung steht.
3. Das eigene Empfinden, jener Mensch erscheine kompetent(er), der seine Gedanken sehr rasch zu formulieren verstehe.
4. Der Drang, möglichst viel loszuwerden, bevor der Zuhörer dazwischenfragen kann.
5. Die »unausgesprochenen Hörerfragen« umfassend vorab beantworten zu wollen.
6. Die Angst, den »roten Faden« im Gespräch zu verlieren – und dann wichtige Aussagen zu vergessen.

Wie beim Thema »Lautstärke« gilt auch hier grundsätzlich: Wählen Sie mittlere Sprechgeschwindigkeit und stellen Sie zunächst Ihren inneren Regler darauf ein, diese Geschwindigkeit beizubehalten. Sobald Sie mehr über die Sprechweise Ihres Telefonpartners wissen, können Sie elegant darauf reagieren – wie auch auf Dialekt und Lautstärke des anderen. Wenn Sie Ihren Anrufer (oder Anzurufenden) bereits durch frühere (Telefon-)Kontakte kennen, stellen Sie Ihre Sprechweise bewusst auf ihn ein. Sie sprechen dann ähnlich schnell oder langsam wie er. Ihrem »halben Dutzend Gründe« begegnen Sie beispielsweise wie folgt:

Zu 1. Fragen Sie, wie viel Zeit Sie haben. Dies gilt auch, wenn Sie selbst angerufen werden: Vielleicht braucht es Zeit zur Klärung der Reklamation, des Kundenwunsches. Wird die Zeit jetzt zu knapp, vereinbaren Sie ein Zweitgespräch.

Zu 2. Machen Sie sich eine Checkliste für typische Telefonsituationen: Was davon muss sofort geklärt, was kann auf später verschoben werden? Für Aktivanrufe bietet es sich an, drei zentrale Aussagen als Stichworte zu notieren. Nennen Sie diese als Inhaltsverzeichnis des Telefonats. Entscheiden Sie mit Ihrem Partner zusammen, wann diese Punkte geklärt werden – und in welcher Rangfolge.

Zu 3. Tatsächlich wird sehr langsames Sprechen häufig als »um Worte ringen« empfunden. Andererseits klingt »verbales Maschinengewehr« auch eher verunsichert. Wenn Sie sich dies bewusst machen, erkennen Sie: Stopp, *zu* schnell erscheint als weniger kompetent!

Zu 4. Nennen Sie diese wichtigsten Punkte vorab als »Thema« des Telefonats – kurz und knapp. Danach nehmen Sie sich Zeit, bewusst Pausen zu setzen. So geben Sie dem Partner eine Chance zu sprechen – ein Dialog entsteht.

Zu 5. Um zu erfahren, welche Fragen sich Ihr Zuhörer im Inneren gerade stellt, lassen Sie ihn einfach zu Wort kommen: »Meine Gesprächspartner haben sehr unterschiedliche Fragen zu diesem Thema. Damit ich Ihnen die richtigen Antworten gebe, statt Sie mit all meinem Wissen zuzuschütten – was genau möchten *Sie* denn wissen, Herr/Frau ...?!«

Zu 6. Entwickeln Sie eine Checkliste, die Sie während des Telefonats als roten Faden benutzen, um an alles Relevante zu denken. Haken Sie ab, was im Laufe des Gesprächs nach und nach erledigt ist. Notieren Sie konkret, was festzuhalten ist, um daraus eine »To-do«-Liste für später zu machen. Fordern Sie den anderen auf, Gleiches zu tun: »Herr XYZ, ich notiere mir: ... Wäre es für Sie auch wichtig, sich einige Punkte festzuhalten?« (»... oder soll ich Ihnen das Vereinbarte kurz schriftlich bestätigen?«)

Versuchen Sie nun im Alltag, was davon Ihnen hilft, ruhiger (= langsamer) zu sprechen. Beobachten Sie die Wirkung in Ihren Telefonaten und in Gesprächen anderer Personen. Und nutzen Sie die Chance, Ihren Partner im positiven Sinne zu beeinflussen.

Auch bei der Sprechgeschwindigkeit sind Sie in der Lage, Ihren Partner nach und nach mitzuziehen: Zunächst sprechen Sie ähnlich langsam oder schnell wie er, dann verändern Sie Ihre Sprechgeschwindigkeit nach und nach in die gewünschte Richtung.

Wenn das Telefonat lange genug dauert, erreichen Sie möglichst dies:

- Der aufgeregte Schnellsprecher beruhigt sich – typisch: Reklamation.
- Der unsichere Langsamsprecher taut auf und sagt »ja« zu Ihrem Angebot – typisch: Kalt-Kontakt im Verkauf.
- Der neutrale »schauen-wir-mal«-Typ öffnet sich dem Dialog mit Ihnen – typisch: Konflikt-Klärung mit Kollege /Mitarbeiter.

Fazit: Nehmen Sie sich Zeit. Klären Sie mit dem Partner, wie viel Zeit Sie beide haben. Klären Sie den Inhalt (und das Ziel) des Gesprächs. Führen Sie dann das Gespräch in aller Ruhe – oder brechen Sie es ab und vereinbaren Zeitpunkt und Inhalt der Fortsetzung.

Wählen Sie aus dem oben entwickelten Fundus, was Sie gerne in Ihrem Alltag verstärken möchten. Diese »Tools« könnten helfen:

- Kontrollfragen im Dialogablauf: »Passt es Ihnen jetzt für fünf bis sieben Minuten, über ABC zu sprechen – oder wann in den nächsten drei Stunden ...?!«
- Verschnaufpausen zum Denken und Fragen einbauen, statt »ohne Punkt und Komma« zu reden.
- Während des Gesprächs Notizen machen – oder Checkliste abhaken: So behalten Sie den roten Faden.

Im Brustton der Überzeugung

Da Sie sich jetzt die wichtigsten Parameter für den Stimmeinsatz (vor allem beim Telefonieren) geballt ins Bewusstsein geholt haben, sind Sie in der Lage, überzeugend zu präsentieren: Zeigen Sie Emphase, wo sie angebracht ist. Die Übersicht auf der nächsten Seite fasst auf einen Blick zusammen, worauf es dabei ankommt.

Verständlich-keit	Intonation/ Betonung	Lautstärke	Sprech-geschwindig-keit
Normalfall			
Standardsprache	Sprachmelodie verändern	Mittel-laut	Mittel-schnell
Beim Partner beachten			
Dialekt: sprechen Sie extrem betont	(unabhängig vom Partner zu sehen)	Angleichen an den Partner	Angleichen an den Partner
Abweichung ...			
Dialekt, Akzent	Betonen, klingt ungewohnt	Lauter/leiser werden	Schneller/ langsamer
... kann bedeuten			
Aufgeregt, will auflockern	Aufmerksamkeit holen wollen	Aufmerksamkeit holen wollen; Emphase = Begeisterung zeigen	
Emphase durch ...			
Bühnensprache	Nachdrücklich betont	Lauter/leiser	Pause vorher/ nachher
... bewirkt beim Partner			
Aufmerken, zuhören	Aufmerken	Aufwachen, lauschen	Konzentriertes Zuhören

Nutzen Sie die Chance, durch wiederholtes Anwenden Ihrer gewünschten Aspekte einen hohen Lerneffekt zu erzielen: vom Bewussten
ins Unbewusste abgleiten lassen ...

Extra-Tipp: Geräusche am Telefon

Sie kennen vielleicht die Geschichte, die dem damaligen Generalsekretär Chruschtschow nachgesagt wird: Er habe bei einer UNO-Sicherheitskonferenz zum Thema »Kuba« einen Schuh ausgezogen und damit heftig auf den Tisch geklopft. Damit habe er besonderen Eindruck machen wollen – und das wohl auch geschafft ... Übertragen Sie das aufs Telefon:

- Klopfen Sie (in Maßen!) mit einem Stift auf den Tisch – so, dass dies übers Telefon hörbar wird.
- Schnipsen Sie an passender Stelle mit den Fingern – das entspricht dann unterstützenden Gesten wie der »Becker-Faust«.
- Klatschen Sie (vorsichtig) in die Hände, wenn Ihr Gesprächspartner etwas sagt, das Sie unterstützen möchten – oder Sie etwas vermitteln, das einen Gedankenblitz darstellt (»Heureka – ich hab´s!«).

All dies sind Signale für den Zuhörer, dass nun etwas Wichtiges ausgesagt wird.

Tiefe Stimme – hohe Stimme?

Hat Ihnen dieses Kriterium noch gefehlt, auch beim Thema »Begeisterung«? Tatsächlich ist die Tonhöhe für viele beim Telefonieren ein Handikap: Besondere Begeisterung kann zum Kippen der Stimme führen, weil sie einfach zu hoch wird – das haben Sie vielleicht schon einmal bei Sportreportern gehört, besonders im Rundfunk. Das gilt für Männlein wie für Weiblein. Allerdings tendieren viele Frauen zu sehr hoher, fast kieksiger Stimme, jedenfalls in Mitteleuropa. Das kann leicht zum Manko werden:

- Sehr hohe Stimmen werden leicht mit »Unsicherheit«, »Aufgeregtsein« verbunden. Achten Sie darauf, den Stimmton in den Griff zu kriegen.
- Eher tiefe Stimmen empfindet der Durchschnittsdeutsche offenbar eher als angenehm. Es gilt auch die Assoziation »rauchig, erotisch«.

Wobei die Resonanz geschlechtsunabhängig zu sein scheint.

Und dies sind typische Alltags-Herausforderungen:

- »*Ich klinge leicht hysterisch: Sehr hohe Stimme, die zwar deutlich zu hören ist – doch unangenehm. Wie kann ich das ändern?*« Guter Rat: Versuchen Sie, eher leise zu sprechen. Der Stimmton geht automatisch nach unten.
- »*Meine Stimme ist häufig belegt – ich tendiere auch zu rauem Hals. Was kann ich tun?*« Guter Rat: Schlucken Sie zwischendurch – in den natürlichen Pausen des Gesprächs. Vermeiden Sie es, sich zu räuspern – das ist exakt das Falsche, was meist versucht wird. Wenn Sie außerdem mehr trinken (in den Pausen zwischen den Gesprächen!), wird das noch besser werden.
- »*Ich habe für eine Frau eine sehr tiefe Stimme. Was soll ich tun?*« Guter Rat: Melden Sie sich klar und deutlich mit Vorname und Name, signalisieren Sie also »Frau am Telefon«. Wenn Sie noch eines draufsetzen möchten, sagen Sie zusätzlich »Frau Anita Niederhuber«. Ansonsten: Freuen Sie sich über die tiefe Stimme, kommt gut an!

Die Kür I: Warum Frauen am Telefon meist besser ankommen als Männer

Tatsächlich zeigt die Praxis, dass gerade am Telefon Frauen erfolgreicher sind als Männer. Das gilt wohlgemerkt im Durchschnitt – auch hier bestätigen Ausnahmen die Regel. Woran kann das liegen, wenn doch Frauen im Allgemeinen eine deutlich höhere Tonlage haben als Männer, jene also besser ankommen sollten? Die Analyse ergibt, dass offenbar die Psychologie der Erziehung stärker wirkt als »man« so denkt.

Denn ob Sie als Frau aktiv anrufen oder angerufen werden, ob Ihr Thema »Reklamation« ist, »Verkauf«, »Termin« oder »Bedarf erfragen« – Sie werden mehr Offenheit erleben als Ihr männlicher Kollege, der den gleichen Job macht wie Sie: Kundenbetreuer, Verkäufer, Marktforscher, Sekretär, Assistent. Der Effekt ist: Die Erwartung an eine Frau ist »weniger offensiv«. Wir sind darauf geeicht, dass Männer grundsätzlich dazu tendieren, den anderen zu vereinnahmen. Zielgerechtes Vorgehen wird eher von einem Mann erwartet als von einer Frau. Tatsächlich ist Kommunikation von Frauen eher indirekt, die von Männern (sehr) direkt. Beispiel:

Frau: »*Was genau ist es, das Sie jetzt erwarten: Ist es eher X oder Y?*«

Mann: »*Ich sehe schon, für Sie kommt natürlich eher X in Frage – das ist doch richtig, oder?*«

Das bedeutet übersetzt: Spreche ich mit einem Mann, bin ich besonders vorsichtig – wer weiß, was der vorhat! Spreche ich mit einer Frau, kann ich weniger vorsichtig sein. Da wir alle als Kinder dieses Modell gelernt haben, reagieren wir so unabhängig vom eigenen Geschlecht. Das »erotische Moment« spielt eine Nebenrolle. Auch der Gedanke, dass mehr Frauen als Männer in Telefon-orientierten Berufen tätig sind, hat naturgemäß nur einen relativen Effekt, was »Erfolg« angeht.

Unterschiede im Telefonat mit Mann oder Frau?

Überlegen Sie jetzt bitte weiter, was das für Ihren Alltag bedeutet:

Wenn Sie wollen, wählen Sie eines dieser Themen für eine »Kür-Hausaufgabe«, sozusagen für Fortgeschrittene:

- Als Mann: eher zurückhaltend statt forsch. Mehr Fragen stellen als Aussagen formulieren.
- Als Frau: Wenn Sie noch erfolgreicher sein wollen, bringen Sie Ihre Fragen auf den Punkt.
- Wenn Sie bei Ihrem Telefonpartner Zurückhaltung spüren: Sprechen Sie leiser und langsamer. Das gilt für Frauen wie Männer (die das halt häufiger erleben).
- Wenn Sie den Eindruck haben, Sie drehen sich im Kreis: Werden Sie präziser, erhöhen Sie den Druck. Tiefere Stimme hilft da sehr – auch Frauen können bewusst tiefer sprechen.

 Deborah Tannen: Du kannst mich nicht verstehen. »Wie Frauen und Männer am Arbeitsplatz miteinander reden« – damit ist zwar Kommunikation generell gemeint. Zwischenüberschriften wie »Wer verschafft sich Gehör?« oder »Warum sagst du nicht, was du meinst?« weisen auch auf das kommunikative Umgehen via Telefon hin. Beispiel Smalltalk: Jenseits der unterschiedlichen Inhalte geht es der Autorin vor allem um den generellen Einsatz dieses wichtigen Instruments.

Wie Sie generell Ihren Stimmtrakt auflockern können, damit Sie Ihre Stimme gezielt so einsetzen, wie Sie das möchten, davon handelt der nächste Abschnitt.

»Welche Telefon-Stimme nehme ich heute?«

Die Kür II: Stimm-Training

Bevor Sie kopfschüttelnd weiterblättern: Es folgen auf der nächsten Seite einige Übungen, die Sie quasi jederzeit an fast jedem Ort anwenden können, bar jeder Hilfsmittel (außer Ihrer Stimme).

Interessantes zum Thema Stimme finden Sie in dem Buch »Die Stimme wirkungsvoll einsetzen« von Sabine F. Gutzeit, Beltz Verlag)

Alles, was zu tun ist: Sie lesen in Ruhe dieses Kapitel und führen die Übungen erstmalig in abgeschiedener Umgebung durch (zu Hause, im Hotelzimmer). Danach entscheiden Sie, welche Übungen Sie in Zukunft nutzen wollen. Und nehmen Sie im Gedächtnis mit: fürs Auto, den Fußweg, die Pause (zwischen Gesprächen am Telefon, in Meetings, fürs Relaxen usw.). Oder Sie machen einen kleinen Wettbewerb daraus: Für die Mitarbeiter, mit den Kindern, als Spaß mit den Kollegen. Hier gilt einfach: »Do it!«

Wozu das? Sie erinnern das Thema »verständlich sprechen«? Sie haben auch schon mal eine belegte Stimme gehabt – oder einen trockenen Mund? Das kann daran liegen, dass Sie erkältet sind oder zu wenig getrunken haben. Es kann auch sein, dass jemand innere Widerstände gegen das »viele Telefonieren« aufbaut und sich körperlich dagegen wehrt: Helfen Sie sich mit warmen oder heißen Getränken – und mit Lockerungsübungen für die Stimme! Hier folgen einige ausgewählte.

Die Kür III: Mimik und Gestik: Nonverbales am Telefon

Sie erinnern sich wahrscheinlich noch an den Einstieg in dieses Thema, sonst blättern Sie zurück an den Anfang – oder geben sich mit diesem Stichwort zufrieden: Ein erheblicher Unterschied zwischen persönlichem »Vis-à-vis«-Kontakt und »Ferngespräch« liegt in der Konzentration auf den einen Sinn – Hören. Ist es für Sie vorstellbar, dass »trotzdem« Nonverbales am Telefon vermittelt wird – also eine Form von Sprache, die Sie eigentlich nur sehen oder fühlen können?

Lockerungsübungen für die Stimme

Stimmen Sie sich ein: Summen hilft.
Summen und Brummen kennen Sie aus Kinderliedern, in denen Bienen und Hummeln eine Rolle spielen: Mit geschlossenem Mund die Luft leicht durch den Kehlkopf in den Mundraum drücken, Zunge locker. Die Lippen vibrieren leicht, mit den Fingern an der Kehle spüren Sie den Stimmton. Öffnen Sie nun die Lippen, drücken die Zunge gegen die unteren Zähne und lassen die Luft durch die Lippen ausströmen. Beides abwechselnd. Spüren Sie das Lockern? Auch Ihre Stimmung sollte sich »lockern« – tatsächlich ist das ein Stimmungs-Macher im besten Sinne ...

Weiten Sie Ihren Stimmraum: Singen Sie Vokale!
Was Sie wahrscheinlich ebenfalls früher in der Schule durften (mussten?), greifen Sie wieder auf: Die Vokalfolge ist »aaa – eee – iii – ooo – uuu«, lang gesungen. Das darf leise geschehen. Bei Gelegenheit auch lauter, dann befreit es Ihre Stimme. Achten Sie dabei auf Ihre Körperhaltung: Am besten stehen Sie, nehmen die Schultern zurück und nutzen den Resonanzraum »Brustkorb«. Starten Sie – jetzt: »aaa – eee – iii – ooo – uuu.«

Lockern Sie die Zunge: Singen Sie »la-le-lu«!
Schon wieder ein Kinderlied? Die Verbindung mit dem »l-Laut« lockert die Zunge. Hier artikulieren Sie besonders deutlich, setzen auch die Lippen ein. Variieren Sie gerne mit »maa – mee – muu«. Weitere Variationen sind »ma – lu – ma« und »ta – ke – te« ...

Üben Sie deutliches Sprechen.
»Fischers Fritze fischt frische Fische« und »In Ulm und um Ulm und um Ulm herum«. Sie kennen das – zunächst langsam, dann mit steigender Geschwindigkeit. Zusatz-Effekt in der Gruppe: befreiendes Lachen, wegen der Verhaspelungen. Hier lernen Sie beides: Schnell sprechen – und auch langsam. Nämlich dann, wenn Sie anfangen, »sich zu wiederholen«.

Setzen Sie noch eins drauf.
»Unter schattigen schottischen Fichten recherchiere ich schwedische und tschechisch-slowakische Geschichte, während sich chinesische Schwarzspechte in österreichische Löschwasserteiche stürzen, vor plötzlicher Schwäche zerschellend.«

Das waren nur einige ausgewählte Beispiele, Ihre Körperhaltung betreffend – Lösungen dazu finden Sie in auf Seite 141. Machen Sie sich zunächst einmal »nur« bewusst, wie stark Nonverbales übers Telefon zu hören ist. Achten Sie künftig verstärkt darauf, spielen Sie die obigen Übungen mit Kollegen oder Mitarbeitern. Sie werden zum Beispiel dies feststellen:

● **Schlechte Sitzhaltung drückt Ihren Atemapparat zusammen (Zwerchfell, Lungen).** Die Folge: Sie sprechen kurzatmig und mit wenig Volumen. Für den Hörer bedeutet das: Er versteht Sie deutlich schlechter. Also: gerade sitzen!

● **Eine sehr bequeme Haltung »halb liegend« nimmt die Konzentration weg und drückt außerdem ebenfalls auf die Atemwege.** Die Folge: Sie sprechen weniger artikuliert, auch hier fehlt Ihnen der Atem. Das geht ebenfalls zu Lasten Ihrer Verständlichkeit. Also: gerade sitzen!

● **Die Hand vor dem Mund ist hörbar – weil Ihr Gesprächspartner nur einen Teil versteht.** Der Rest wird im Sinne des Wortes abgeschirmt. Also: Hände weg vom Gesicht – auch dann, wenn Sie (per Headset) beide Hände frei haben.

Was Sie dagegen dürfen, ist Mimik und Gestik positiv einsetzen. Testen Sie auch dies:

● **Bewegen Sie (in Maßen) Ihren Kopf beim Sprechen,** so wie Sie es auch sonst tun, wenn Sie im Dialog sind. Unterstützen Sie Ihre Aussagen gerne durch Nicken, Ihre Fragen durch Hochziehen der Augenbrauen. Sie unterstützen damit tatsächlich Ihr Gesprochenes.

● **Bewegen Sie die Hände** – oder jedenfalls die eine freie, wenn Sie ein Handset benutzen (klassischer Hörer). So bringen Sie mehr Begeisterung ins Spiel (s. S. 63), sprechen nachdrücklicher.

Bei Gestik und Mimik gilt (wie beim Stimmeinsatz): Die Dosis macht die Wirkung. Wenn Sie übertrieben gestikulieren, wirkt das eher aufgeregt als engagiert. Wenn Sie Grimassen schneiden, fühlt sich Ihr Zuhörer entweder veräppelt oder wie im Zirkus – entspricht

Nonverbales durchs Telefon hören

Notieren Sie hier Ihre Gedanken:

Setzen wir das Spiel fort: Probieren Sie am besten selbst aus, was passiert, wenn Sie Folgendes tun: Sie sitzen tief nach vorne gebeugt im Stuhl, Kopf nach unten gesenkt, und sprechen. Was fällt Ihnen auf?

Sie lehnen sich im Stuhl oder in einem Sessel weit zurück, legen die Beine auf den (Schreib-)Tisch und strecken sie aus. Wenn Sie jetzt zum Hörer greifen und sprechen, was passiert?

Sie halten die Hand leicht vor den Mund, kratzen sich an der Nase oder streichen sich über die Oberlippe – das sind typische nonverbale Signale, die Sie häufig beobachten können –, wie hört sich das dann an, wenn Sie nun sprechen?

----

das Ihrem Ziel? Nutzen Sie unbedingt einen Spiegel, wenn Sie sich selbst testen wollen. Oder holen Sie sich Feedback von einem Zuschauer (!).

Dass Nonverbales ganz erheblich zu Erfolg oder Misserfolg in der Kommunikation (und zum Lernerfolg bei Trainings und Weiterbildung!) beiträgt, scheint außer Frage. Wie viel Prozent das sind, darüber gibt es unterschiedliche Aussagen. Tatsache ist:

- Den geringsten Anteil daran, wie Ihre Botschaft ankommt, hat der sprachliche Inhalt – das »Was«: vielleicht 15 Prozent.
- Deutlich wichtiger ist schon das »Wie«: das Sie eben absolviert haben (Stimme: die verschiedenen Parameter): vielleicht 25 Prozent.
- Nonverbales macht den Löwenanteil der Beeinflussung anderer Menschen aus: vielleicht 60 Prozent. Deshalb ist es so wichtig, dass Sie auch am Telefon auf Mimik und Gestik achten!

Machen Sie sich diese Aussage besonders bewusst: Verbale und nonverbale Äußerungen müssen übereinstimmen. Drücken Sie Gegensätzliches aus, führt das zu Verunsicherung des Dialogpartners. Hin- und hergerissen zwischen zwei Aussagen, entscheidet er in der Regel »pro nonverbal«. Schütteln Sie also Ihren Kopf, während Sie »ja« sagen, wirken Sie kaum glaubhaft – sondern eher als Lügner (jedenfalls in Mitteleuropa – andere Kontinente, andere Sitten, auch in der Körpersprache!). Wie weiter oben definiert, wirken Sie auch am Telefon mit Mimik und Gestik – Punkt!

Formulieren Sie ansprechend!

Sprechen will gelernt sein

Muss Gesprochenes denn druckreif sein?

Sie haben sich bereits ausführlich (s. S. 49) mit der Thematik »Dialekt und Umgangssprache« befasst. Der dort gewählte Blickwinkel ist »Stimme und Sprechen«: Wie mehr oder weniger deutlich kommen Sie beim Zuhörer an, wenn sich Ihre Aussprache zu sehr vom Hochdeutschen entfernt? Veränderung und Weglassen von Vokalen sind Messlatten für Verständlichkeit genauso wie Verhuschen oder Verschlucken von Konsonanten.

Doch auch die Art, wie Sie Sätze formulieren, hat erhebliche Auswirkung auf Ihren Kommunikationserfolg. Lassen Sie uns diskutieren, wie gut zu verstehende Sätze formuliert sind.

Sprechen wie gedruckt?!

Überlegen Sie bitte zunächst, was so genannte »druckreife Formulierungen« ausmacht, die manchen Sprechern und Rednern nachgesagt werden:

Wahrscheinlich haben Sie einige dieser Punkte notiert:

- **Aussprache klar und deutlich:** Die Betonungen und Pausen sind genau an passender Stelle (siehe Satzzeichen im Geschriebenen).
- **Vollständige Sätze bilden:** Dazu gehören Subjekt, Objekt und Prädikat, also Satzgegenstand (worüber erfolgt eine Aussage?), Satzergänzung (was wird über den Satzgegenstand ausgesagt?) und Satzaussage (wie wird etwas ausgesagt?).
- **Grammatik beachten:** Die Reihenfolge der Satzteile muss grammatikalisch korrekt sein, denn im Deutschen ist sie bedeutungsprägend. Siehe den erheblichen Unterschied in dem einfachen Beispiel »Uwe fragt Anna« oder »Anna fragt Uwe«. Auf Grund der Abfolge ist klar definiert, wer wen fragt. Beachten Sie, dass Sie durch Veränderung der üblichen Reihenfolge Satzteile besonders hervorheben können: »Mich hast du gemeint?« an Stelle von »Du hast mich gemeint?« – bei der zweiten Version betonen Sie per Stimme, was bei der ersten entfallen kann.
- **Mundartliches vermeiden:** Benutzen Sie die korrekten Ableitungsformen der Wortarten statt regionaler Besonderheiten – die geben manches Mal einem Dialekt bereits den Charakter einer eigenständigen Sprache, die weniger verstanden wird. So heißt es in Berlin »Ich liebe dir« – oder im Bairischen »Gib mir mal den (!) Butter«. Solche Sonderformen sind nur innerhalb einer geschlossenen Sprechergruppe erlaubt. Oder Sie wollen bewusst überpointieren.
- **»Wortgewalt« beweisen:** Die Wahl des Wortschatzes – vielseitig wie spezifisch soll er sein. Das heißt, druckreif Sprechende verfügen über abwechslungsreiches Vokabular und sind auch im Spezial-Wortschatz von Branchen und Gruppen zu Hause: Sie verstehen und nutzen diese Wörter.
- **»Wurmfortsatz« gefällig?** Häufig verstehen wir unter »geschliffen sprechen« vor allem stark untergliederte Sätze, natürlich korrekt verschachtelt. Das hieße etwa »Wenn Sie eine Frage haben, die sich auf Technik allgemein oder auf Elektronik speziell bezieht, steht es Ihnen frei, uns als Ihren Händler oder den Hersteller direkt als Ansprechpartner zu wählen, wenn das für Sie wichtig ist, damit Sie sich bestens betreut fühlen.«

Alles klar? – Da streiten sich die Geister: Der durchschnittliche Zuhörer ist kaum in der Lage, solchen Satzungetümen (am Telefon!) zu folgen. Zu folgen bedeutet, am Schluss des Schachtelsatzes Anfang wie auch Verknüpfungen noch »vor Augen« zu haben. Sie merken, worauf das hinausläuft: Ist Ihr Ziel, dem Gesprächspartner maximal sieben Bits in einem Gedankengang zu bieten, also verständliche Informationseinheiten, dann entfernen Sie sich bewusst vom »Druckreifen«. Beurteilen Sie die Verständlichkeit folgender Texte.

Wie ge»hört« es sich für Sie?

Dafür lesen Sie sie laut vor oder – noch besser – lassen sie vorlesen:

Urtext:
>*»Und Gott schuf Himmel und Erde ...«*

Langtext »modern talking«:
>*»Im Zuge der weiteren Entwicklung der Welt entschied der Generalbevollmächtigte, einen mit Entscheidungsportfolio festgelegten Himmelskörper als Testobjekt experimentell weiterzuentwickeln. Nach der Zielfestlegung kamen nach und nach die Schritte der Umsetzung, strikt nach der vorher aufgestellten Planung ...«*

Wenn Sie Literarisches länger »auskosten« möchten, ist dieses Vergnügen heute einfach zu befriedigen: Hörbücher gibt es bereits von vielen Autoren, Klassisches wie Wissenschaftliches.

Eine mögliche Suchquelle dafür ist die Wissenschaftliche Buchgesellschaft in Darmstadt, im Internet unter: **www.wbg-darmstadt.de.** Oder Sie suchen bei **www.buchkatalog.de** beziehungsweise **www.hoerbuch.de.**

Übertragen wir das nun auf Ihre Praxis im Telefonalltag: Ehrlich, authentisch beim anderen anzukommen hatten wir als wichtigen Aspekt der Kommunikation festgehalten. Das ist ein wichtiges Argument dafür, eher weniger druckreif zu formulieren: Sie klingen natürlicher, wenn Sie schon einmal einen Satz verkürzen – oder unterbrechen, um einen Gedanken neu einzuführen.

Tatsächlich sind Teilsätze oft besser verständlich als vollständig formulierte – unter anderem, weil sie kürzer sind! Dabei kommt es kaum darauf an, »wegen des Zuhörers exakte Grammatik zu betreiben« – er versteht Sie sehr wohl auch dann, wenn Sie – grammatikalisch falsch! – davon sprechen, »wegen dem Zuhörer zumindest auf Grammatik zu schielen.« Anders als beim Schreiben von Aufsätzen in der Schule kommt in gesprochener Sprache »verstehen« vor »korrekt formulieren«. So gesehen, lautet eine Antwort auf die Überschrift: Gesprochenes kann druckreif sein, solange es verständlich bleibt – muss aber nicht. Vielmehr gibt es sogar eine Tendenz im deutschen Sprachalltag, geschriebene Sprache der gesprochenen anzugleichen, sehr zum Grausen der Sprachpfleger. Messlatte für diese Entwicklung sind sicher das Fernsehen und die Werbekommunikation. Wohl verstanden, auch hier ist vor Übertreibung zu warnen. Doch wenn Sie bewusst Anzeigen in Printmedien analysieren oder auch Spots in Funk und Fernsehen, erkennen Sie rasch, worauf es ankommt, leicht verstanden zu werden. Es folgen Schritt für Schritt:

- **Liegt in der Kürze denn die Würze?** Sagen Sie es in Teilen nach und nach statt verschachtelt.
- **Aktiv statt passiv:** Tun statt geschehen lassen.
- **Fragen stellen:** So kommt Ihr Partner mal zu Wort – und Sie wissen besser, worüber Sie eigentlich sprechen (sollten).
- **Auffordern statt abwarten:** So kommen Sie auf den Punkt!
- **Persönlich und direkt:** Telefonkommunikation ist ein Dialog zwischen Menschen.
- **Positiv »nein« sagen:** Weg von der Negativsprache, die oft Zustimmung verhindert.
- **Begründen Sie:** Zuhörer fragen sich allzu oft: Warum bitte schön sollte ich das denn tun?!
- **Einwandfragen:** Nutzen Sie die Chance!

Natürlich gelten diese Aspekte auch dann, wenn Sie persönlich kommunizieren – statt über den Umweg des Telefons. Dort ist besonderes Augenmerk auf Einstieg und Abschluss des Gesprächs zu richten: Gerade dort fehlt uns die Körpersprache, die auch in unseren Breitengraden erheblich zur Klärung der Situation beiträgt.

Liegt in der Kürze denn die Würze?

Jetzt dürfen Sie sich ausnahmsweise auf alte Schulweisheiten berufen: »kurz, knapp und sachlich« ist eine hilfreiche Aussage. Oder per Merkformel: KISS, das steht für Keep It Simple and Short.

KISS konkret

Denken Sie an das vorhin gelesene Bibelzitat – und prüfen Sie kritisch Ihre eigene Sprechlänge am Telefon oder die Ihrer Mitarbeiter. Nach welchen konkreten Werten können Sie sich richten? Die Begriffe dafür nehmen wir aus dem Vokabular für geschriebenen Text:

Wortlänge (beachten Sie Kombinationen!)

Satzlänge (»von Punkt bis Punkt«)

Absatzlänge (entspricht einem Gedankengang, bis Ihr Gesprächspartner etwas sagen darf)

Sie suchen noch? Hier einige Hilfen:

- **Wortlänge:** Die kürzesten bedeutungsunterscheidenden Einheiten verfügen über zwei Zeichen – etwa »du« oder »in«. Ausrufe sind sogar noch einfacher, etwa lang gesprochenes »oo« oder »aa«. Wortungetüme sind quasi unendlich zu bilden: Sie kennen das klassische Beispiel »Donaudampfschifffahrtsgesellschaftskapitänskajütenschrankfacheinlage«. Was ist das Maß?
- **Satzlänge:** Wählen Sie den kompletten Satz, bestehend aus Subjekt – Prädikat – Objekt. Alles andere lässt sich aufdröseln. Ziel ist, statt Verschachtelung denselben Gedanken Schritt für Schritt zu formulieren. Was kommt dabei heraus?
- **Absatzlänge:** Führen Sie einen Gedanken zu Ende, Satz für Satz statt »all in one«. Die häufig genannten sieben Bits sind schnell erreicht: Bei durchschnittlich 2,3 je Satz sind das im Mittel 3 Sätze – danach ist Ihr Gesprächspartner wieder dran! (So errechnet sich das 2,3: meist nur S und P, manchmal O dazu – manchmal entfällt das S in der Verkürzung.) Was heißt das nun, bezogen auf »Messlatte«?

KISS-Maße

Schätzen Sie jetzt einmal »das Maß verständlicher Länge«:

Wortlänge:

Satzlänge:

Absatzlänge:

Danke schön! Frei davon, ein Dogma zu setzen, mögen Ihnen diese Werte als Benchmark dienen:

- Wort: zwölf Zeichen (maximal),
- Satz: sechs Wörter (im Durchschnitt),
- Absatz: drei Sätze (etwa).

Was tatsächlich für Ihre optimale Kommunikation am Telefon gilt, hängt auch hier von Ihren drei situativen Gegebenheiten ab:

- Sie als Sprecher/Hörer,
- Ihr Gesprächspartner,
- das Umfeld, also Nebengeräusche oder andere Ablenkungen.

Zwei »elaborierte« Gesprächspartner vertragen auch das Doppelte der obigen Werte, zwei »restringierte« dagegen eher weniger als 12/6/3. Messlatte ist möglichst Ihr Zuhörer! Testen Sie auch diese Maße in Ihrer Praxis: Die »Tools« sind die gleichen, die Sie inzwischen bestens kennen – Aufzeichnung, Feedback von Zuhörern, Sprecher in den Medien.

Wenn Sie dabei feststellen, weniger Länge wäre gut, verkürzen Sie Wörter, Sätze, Absätze. Wollen Sie sich gleich versuchen? Hier sind einige Beispiele, mit denen Sie üben können – zunächst erläutert und für Sie bereits ausgeführt, danach sind Sie dran.

- **Wörter kürzen durch Aufspalten:** da geht es um die »Einlage im Schrankfach in der Kajüte eines Kapitäns auf einem Donaudampfer«, wenn wir das gängige Beispiel von vorhin aufgreifen wollen. Oder: Nachahmungsdrang wird »Drang zur Nachahmung«, noch besser: Drang, etwas nachzuahmen.

- **Wörter kürzen durch Verändern (andere Wortwahl):** in einem Nachschlagewerk, also Lexikon finden Sie Alternativen. Der Kapitän verfügt über ein »transportables Ablagefach«.

- **Sätze kürzen, indem Sie aus einem Relativsatz mehrere bilden:** »Dieser eine Mitentscheider, den Sie noch an den Tisch bringen möchten – der aber erst in der kommenden Woche Zeit hat –, damit wir dann für Sie die richtige Produktkombination festlegen können, dessen Stimme benötigen Sie für die monetäre Investition und der hat auch bei der Auswahl (Ihr Angebot) ein Wörtchen mitzureden?!« Aus diesem Satz entsteht: »Sie möchten einen weiteren Entscheider dazunehmen. Er hat erst kommende Woche Zeit. Er entscheidet die Geldfreigabe. Und er spricht auch bei der fachlichen Auswahl mit.«

- **Sätze kürzen, indem Sie eine Aufzählung bilden:** »1. Sie benötigen einen weiteren Entscheider. 2. Er hat erst kommende Woche Zeit. 3. Er entscheidet bei Geld und Auswahl mit.«

- **Absätze, also Text kürzen durch Zwischenfragen:** »Gesetzt den Fall, wir könnten Ihnen (Ihr Angebot) bis – sagen wir mal – kommende Woche Mittwoch liefern, jedenfalls die Hälfte vorab. Und den Rest, den Sie ja erst später benötigen, eine Woche danach; wären Sie dann bereit, Ihr Storno nochmals zu überdenken?« Daraus wird: »Sie sagen, die Hälfte von (Ihr Angebot) benötigen Sie umgehend. Wenn wir diese (Stückzahl) bis Mittwoch kommender Woche liefern, wäre das dann o.k.?« »...« »Der Rest käme dann eine Woche später. Mit dieser Lösung könnten Sie leben?« »...« »Immer vorausgesetzt, Teil 1 wird pünktlich realisiert: Bleibt der Auftrag so bestehen?« Ans Zusammenfassen denken: »Lassen Sie mich zusammenfassen: Sie benötigen einen Teil schnellstmöglich, der Rest könnte demnach auch etwas später kommen?«

Alles klar – ist das für Sie gut nachvollziehbar? Ausnahmen bestätigen auch hier die Regel – zu kurz kann bedeuten »übers Ziel hinausgeschossen«. Wenn Sie nur noch aufzählen (»1., 2., 3.«) oder kürzestformulierte Sätze benutzen, verlangen Sie von Ihrem Zuhörer bald auch zu viel: Jetzt braucht er Zeit, die Bezüge zwischen Ihren Satzbrocken herzustellen. Das gälte für eine Formulierung wie diese, zugegeben übertriebene: »Ein Entscheider kommt dazu. Allerdings erst nächste Woche. Also: Kein Geld, keine Auswahl.« Das wären Stichwörter, die Sie für sich notieren, das ja.

Im Allgemeinen jedenfalls dürfen Sie festhalten: In der Kürze liegt die Würze! Lassen Sie uns kurz zusammenfassen: Texte lassen sich immer kürzen. Beginnen Sie bei Absätzen (also Textteilen): Benötigen Sie alle Aussagen wirklich? Hören Sie dann in die Sätze hinein: Hier ist mehr Aufdröseln gefragt denn Streichen. Betrachten Sie schließlich die einzelnen Wörter: Geht es auch anders – getrennte Wörter statt Kombinationen zum Beispiel? Welche Aufgaben stellen Sie sich nun? Vorschlag: Sie nehmen einen bereits bestehenden Telefonleitfaden zur Hand. Falls Sie im Allgemeinen völlig frei telefonieren, formulieren Sie ausnahmsweise ein Skript: Noch einfacher: Sie übertragen eine Gesprächsaufzeichnung (echt oder Training) auf Papier. Nun kürzen Sie, wie oben erarbeitet. Sie werden staunen: Ihr Gespräch wird fast automatisch auch in der Gesamtlänge deutlich kürzer: Das kommt Ihnen doch entgegen, oder?

Folgende weitere Trainingschancen können Sie nutzen:

INFO

- Aufzeichnungen wissenschaftlicher Sendungen in Funk und TV.
- Literarische Texte als Vorlagen (klassische Autoren, etwa Balzac) – denken Sie an Hörbücher!
- Texte aus Fachzeitschriften, die Sie beruflich nutzen.

Nach diesem Strickmuster bilden Sie einfach weitere Aufgaben. Übungen dieser Art sind in Meetings oder Schulungen bestens zu integrieren. Was nehmen Sie sich für die nächsten 14 Tage vor? Beachten Sie bitte: Wenn Sie über »kurz oder lang« wirklich kürzer formulieren möchten, müssen Sie das Thema über einen längeren Zeitraum immer wieder aufgreifen, am besten wöchentlich.

Aktiv sprechen für klare Aussagen

Im Deutschen gibt es das Passiv, die »Leidensform«. Mit dieser wird ausgedrückt, was mit einer Person oder einer Sache geschieht – was sie »erleidet«, sozusagen frei von eigenem Zutun. Wenn Sie angerufen werden, nennt »man« das häufig »passives Telefonieren«. – Diese unpersönliche »Man«-Konstruktion dient übrigens gelegentlich als Passiv-ähnliche Grammatikform – auf die kommen wir im Abschnitt »Begründen Sie Aussagen« (s.S. 91) zurück. Weil Sie jedoch zumindest re-agieren, wenn Sie angerufen werden, spreche ich lieber vom »reaktiven Telefonieren«. Zurück zum Passiv. Wenn Sie diese Sprachform anwenden, drücken Sie damit aus: Jemandem geschieht etwas, frei von eigener Aktivität.

> Hans wird (von Otto) angerufen.
> Die Ware wird (an Sie) ausgeliefert.
> Wer (Umsatz) hat, dem wird (Bonus) gegeben.

Dieses letzte Beispiel verschafft uns einen schönen Übergang zum Aktiv: Wird etwas gegeben, muss auch jemand da sein, der gibt. Der Aktive ist also jener, der den Vorgang »im Griff hat«, oder? Entsprechend empfiehlt es sich für Sie, aktiv zu sein – und dies in Ihrer Sprache (am Telefon) auch auszudrücken:

> Otto ruft Hans an.
> Wir liefern Ihnen (Ihr Angebot) bis XYZ ....
> Wenn Sie … Umsatz erreichen, erhalten Sie X Prozent Bonus!

Geht doch ganz einfach, oder? Sie werden sich wundern. Achten Sie einmal einen Tag lang bewusst auf Passivformulierungen – welch eine Sammlung kommt zusammen! Woran das liegt? Dies scheint »die Psychologie des Passiv« zu sein:

- Bloß weg von der Verantwortung, lieber vage bleiben – da bleiben alle Wege offen.
- Kompetenzen sind tatsächlich zu vage definiert.
- Was Hänschen in der Schule lernt, macht er so sein Leben lang.

Muss das wirklich so sein – oder kommen Sie schneller ans (mit Ihrem Gesprächspartner gemeinsame) Ziel, wenn Sie präzise ausdrücken, was Sie möchten – können – tun werden?

Passiv geschehen lassen – oder aktiv tun?

Legen Sie sich nun eine Beispielsammlung an, nach obigem Muster – mit Formulierungen aus Ihrem Arbeitsalltag:

Passiv:

Aktiv:

Passiv:

Aktiv:

Passiv:

Aktiv:

Jetzt verfügen Sie jedenfalls über die Alternative, sich bewusst(er) für die Aktivformulierung zu entscheiden. Denn das Passiv ist grammatikalisch durchaus korrekt. Was Sie sich fragen sollten ist:

● Will ich eher zurückhaltend sein – dann Passiv.
● Will ich klare Kommunikation – dann Aktiv.

Frauen tendieren (anerzogen und »an-erlebt«) eher zum Passiv, Männer zum Aktiv. Dies gilt auch für den anderen Weichmacher Konjunktiv, als »Möglichkeitsform«. Die deutsche Grammatikbezeichnung zeigt sehr schön, wohin der Hase läuft: Wären Sie bereit, ...?, Würden Sie denn bitte ...?, Hätten Sie vielleicht ...? – ... fragt nach dem, was eventuell sein könnte, statt nach machbaren Tatsachen. Das heißt dann nämlich

● Sind Sie bereit ..., wenn ...?!
● Wollen Sie ...?!
● Haben Sie ...?!

Sie erkennen den Unterschied! Prüfen Sie bitte, ob Sie diese Ersatz-Höflichkeitsform wirklich so häufig einsetzen möchten, wie dies in der Praxis geschieht. Höflich sein geht auch anders – etwa mit »bitte« und »danke«. Wollen Sie es versuchen?

Ebenfalls passivisch ist es, wenn Sie etwas weit schweifend umschreiben: statt klar und deutlich auf den Punkt kommend lieber wie die Katze um den heißen Brei. Der Nominalisierungsstil ist typisch für das so genannte Beamtendeutsch, siehe etwa

»Zum Zwecke der Umgehung einer verspäteten Lieferung würden wir uns freuen, wenn Sie uns eine frühzeitige Vorabmeldung Ihrer Öffnungszeiten in Verbindung mit der exakten Wegebeschreibung auf den Weg bringen würden.«

Aha. Und wie sagen Sie das besser = kürzer und klarer?

»Zu welchen Zeiten können wir anliefern? Wie erreichen wir Sie am besten?« – oder *»Nennen Sie uns bitte Ihre Öffnungszeiten und beschreiben uns die optimale Anfahrt.«*

Weitere (leider) typische Beispiele im Geschäftsleben sind:

> *»angestrebte Einführung« besser: »versuchen einzuführen«*
> *»verringerte Erhöhung des Preiszuwachses« besser: »der Preis steigt nur mehr langsam«*
> *»positive monetäre Veränderung auf der Einnahmenseite« besser: »erhöhte Einnahmen«*

Genug der Weichmacher? Lassen Sie mich noch eine Kategorie einführen, damit Sie auch davor gewarnt sind: Einschübe. Das sind Satzteile, die sich einfach einschleichen:

- »~~eigentlich~~« – was nun, ja oder nein?
- »~~wahrscheinlich~~« – ist oder ist nicht?
- »~~hoffentlich~~« – bin ich überzeugt?

Für diese (und weitere) Wörter gilt: überflüssig – einfach streichen! Es sei denn, Sie wollen Ihre Aussage bewusst einschränken – dann ist auch der Konjunktiv durchaus angebracht. Dazu passend ein Praxisbeispiel mit anekdotischem Charakter.

> Ein Finanzberater diskutiert das Thema »Lebensversicherung« mit einem Klienten, der viel unterwegs ist: *»Herr Niederhuber, Sie sind ja wirklich extrem viel unterwegs: Heute München, morgen Hamburg, übermorgen Dresden. Nun, nehmen wir mal Ihre Reise von letzter Woche, von Frankfurt nach Rostock, im Wagen, wie Sie erzählten. Gesetzt den Fall, Ihnen wäre etwas zugestoßen – man hört ja eine Menge über schreckliche Unfälle auf den Autobahnen, in letzter Zeit, nicht wahr ... Wie stünden dann Ihre Frau und die Kinder da? Gott sei Dank ist ja alles gut gegangen. Was meinen Sie, nur für den Fall des Falles – eine Lebensversicherung wäre doch eine wichtige Absicherung?!«*

Lesen Sie diesen Text neu, setzen Sie Indikative (also Aussagen) an die Stelle der Möglichkeiten, zum Beispiel so: »Nehmen wir mal an, nächste Woche auf Ihrer Fahrt nach Dresden geraten Sie unverschuldet in einen grässlichen Unfall und kommen nicht wieder ...«

Sie sehen: Sobald Sie Ihren Gesprächspartner in eine Situation versetzen möchten, die weniger gut kommt, ist es besser, das Hypothetische auch sprachlich eher vage auszudrücken ...

Die Moral von der Geschicht? Entscheiden Sie situativ, ob ein Weichmacher für Sie Sinn macht. Das Repertoire, sich dafür oder dagegen zu entscheiden, haben Sie inzwischen zur Verfügung.

Fragen stellen macht klug – und führt Sie rasch voran

»Wer fragt, der führt« – zum Beispiel das Telefonat. Wenn *Sie* derjenige sein wollen, der den Ablauf bestimmt, fragen Sie!

»Blöde« Fragen gibt es selten...
Notieren Sie hier bitte Fragen, die Sie in Ihrem Berufsalltag stellen (könnten):

Ihre gesammelten Fragen beinhalten bestimmt unterschiedliche Arten von Fragen. Diese grobe Einteilung mag genügen.

Öffnende Fragen – auch »W-Fragen« genannt:
Öffnend heißen diese Fragen deshalb, weil Ihr Gesprächspartner in der Regel darauf ausführlich antworten wird. W-Fragen sind alle, die mit Fragewörtern eingeleitet werden, etwa »wer, was, wie, wann, welche, wo« – und »warum, wozu, weshalb«. Davor warnen manche Berater, weil eine solche Frage zu inquisitorisch sei. Richtig ist, dass Sie damit Ihren Zuhörer aus der Reserve locken. Mein Rat: Gerade wenn Sie einen eher schweigsamen Partner motivieren (oder gar provozieren) möchten, fragen Sie nach einer Begründung. Hören Sie selbst solche Fragen, sollten Sie nachher viel aus dem Abschnitt

»Begründen Sie Ihre Aussagen« lernen (s. S. 91). Fragen dieser Art stellen Sie dann, wenn Sie

● mehr über Ihren Partner erfahren möchten.
● sicher(er) sein wollen, welche Informationen Sie nennen müssen, um Ihr Ziel zu erreichen.
● Sie einen Dialog führen möchten, statt einen Monolog.

Schließende Fragen

Schließende Fragen sind im Deutschen Sätze mit umgedrehter Wortfolge, nämlich mit vorgezogener Satzaussage: »Stimmen Sie mir zu?« hat eine andere Satzintonation als »Stimmen Sie mir zu!« mit Aufforderungscharakter. Die Antwort auf solche Fragen ist »ja« oder »nein«, deshalb nenne ich sie schließend. Fragen dieser Art stellen Sie dann, wenn Sie

● die Zustimmung Ihres Partners möchten.
● einen Entscheid abfragen.
● die Bestätigung erhalten möchten, dass er überhaupt zuhört.

Lassen Sie uns nun schauen, wann Sie im Laufe eines Telefonats welche Arten von Fragen sinnvoll anwenden können und sollten:

Ihre Frage-Strategie im Telefonat		
Gesprächsanfang	Öffnend	● Kontakt klären
	Schließend	● Bestätigung ● Berechtigung
Gesprächsmitte	Öffnend	● Infos sammeln ● Beratung im Dialog
	Schließend	● Kontakt halten ● rhetorisch/Dialog schaffen ● Bestätigung
Gesprächsende	Öffnend	● Entscheidung ● Abstimmung
	Schließend	● Bestätigung ● Zusammenfassung

Die Vorteile, wenn Sie fragen, liegen auf der Hand: Sie führen das Gespräch! Sie erfahren, worüber Sie mit Ihrem Gesprächspartner zu sprechen haben – was will er? Womit überzeugen Sie ihn? Das bedeutet, Sie holen aus Ihrem Fundus, was situativ sinnvoll ist. Sie entwickeln einen Dialog, ein Zwiegespräch – statt monotonen Monologisierens. Das heißt, Sie gewinnen Aufmerksamkeit. Und erreichen eine Vereinbarung, die hält. Sie erziehen sich selbst zur Kürze: Zwischenfragen schaffen kleinere Informationseinheiten, die besser verständlich sind!

Warnen möchte ich Sie vor einer weiteren Art von Fragen: den Suggestivfragen.

> Beispielsweise: »Herr Niederhuber, auch Sie sind doch bestimmt der gleichen Meinung wie viele Ihrer Kollegen in anderen vergleichbaren Unternehmen, dass es für Sie am besten ist, wenn Sie ...!!«

Ein wenig übertrieben? Wie auch immer: Vermeiden Sie es, Ihrem Gegenüber damit die Pistole auf die Brust zu setzen: Vielleicht erreichen Sie für den Moment Ihr Ziel. Spätestens nach dem Auflegen des Hörers denkt der andere weiter darüber nach – mit sicher eher negativen Eindrücken und Folgen für Sie.

Nutzen Sie ruhig eine schwächere Form der Einflussnahme: Die Alternativfrage lässt Ihren Zuhörer zwischen »ja« und »ja« entscheiden, etwa so:

> »Herr Niederhuber, ich überlasse es Ihnen, zu wählen: Wünschen Sie einen Umtausch von (Ihr Angebot) – oder Sie behalten Ihr Exemplar mit den besprochenen kleinen Mängeln und ziehen beim Bezahlen der Rechnung X Prozent ab.« Oder: »... passt es Ihnen besser übermorgen gegen zehn Uhr am Vormittag oder eher am Mittwoch gleich nach dem Mittagessen, sagen wir 14:15 Uhr?!«

Und Sie, geneigter Leser, welche Frage(n) haben Sie noch, zum jetzigen Zeitpunkt Ihrer Lektüre? Immer aufschreiben – oder am besten gleich per E-Mail an reiterbdw@aol.com: Damit ich künftig noch besser auf Ihre Bedürfnisse eingehen kann!

Extra-Tipp »Kleiden Sie Ihr Argument in Frageform«

Ihre Argumente sind zunächst einmal reine Behauptungen – deshalb müssen Sie sie auch begründen. Machen Sie es Ihrem Zuhörer einfacher, Ihren Weg mitzugehen: Lassen Sie ihn entscheiden, was er damit anfängt. Das hört sich dann zum Beispiel so an:

- *»Anstelle des Umtausches in ungefähr zwei Wochen ein Nachlass von zwölf Prozent auf den Preis – und Sie können (Ihr Angebot) sofort weiter nutzen: Ist das interessant für Sie?«*
- *»Wenn Sie den Kauf rund ein halbes Jahr vorziehen und dadurch etwa 15 Prozent sparen ... Die 15 Prozent verglichen mit vielleicht fünf Prozent Finanzierungsverlust – wollen Sie diese Variante in Betracht ziehen?«*
- *»Wäre es Ihnen lieber, wenn wir ABC liefern – oder sollte es doch besser XYZ sein?!«*

Fordern Sie auf!

Erinnern Sie sich jetzt bitte an eine weitere Form aus dem Grammatikunterricht in der Schule: den Imperativ, die Befehlsform. Damit formulieren Sie klar und deutlich, was Sie vom anderen erwarten. Spätestens am Ende Ihres Telefonats muss diese Aufforderung kommen, getreu der Kommunikationsformel AIDA: Die wird Ihnen meist bei Verkaufsseminaren aufgetischt. Sie macht aber in sämtlichen Telefonaten Sinn – denn sie dient Ihnen als Checkliste, die schon genannten »unausgesprochenen Hörerfragen« zu beantworten.

A = Aufmerksamkeit gewinnen: »Worum geht es denn?!«

I = Interesse erwecken: »Warum sollte ich mich damit befassen?«

D = Drang zur Entscheidung: »Welche Gründe/Nutzen gibt es für mich, (Ihr Angebot/Ihren Vorteil) unbedingt haben zu wollen?«

A = Auffordern zur Aktion: »Was muss ich tun, um (Ihr Angebot) zu erhalten?«

Richtig, in diesem Buch geht es um generelle Telefonkommunikation im Berufsleben. Verkaufen ist davon nur ein Teil, wenn auch ein sehr wichtiger. Und – Sie »verkaufen« eine Lösung auch dann, wenn Sie

- verbindend/vermittelnd zwischen externem und internem Partner tätig sind (Zentrale, Sekretariat, Assistenz).
- Reklamationen behandeln, Fragen beantworten, Bestellungen aufnehmen (Service, Kundenbetreuung, Hotline).
- Interessen klären, Bedarf analysieren, Marktpartner interviewen, Fakten recherchieren (Marktforschung, Verkaufs-Innendienst, Journalist).

Immer geht es für Sie darum, ein definiertes Ziel zu erreichen. Dazu gehört, dass Sie sagen, was Sie vom Gesprächspartner erwarten: *»Sagen Sie mir bitte: ...«, »Schicken Sie doch einfach ...«, »Vorschlag: Ich ... – Sie ...«, »Wenn Sie ..., dann ...«*

Stimmen Sie mir zu, dass es für Sie Sinn macht, auch in Ihren Alltagstelefonaten deutlich zu Aktivitäten aufzufordern?

Fördern Sie Ihr Gesprächsziel durch Auf-Fordern

Testen Sie zum Beispiel in den kommenden 14 Tagen, wie Ihnen klarer formuliertes Auffordern hilft,
- schneller ans Ziel zu kommen.
- Ihrem Gesprächspartner beim Entscheiden zu helfen.
- Ihre Abläufe zu vereinfachen – weil Sie selbst besser wissen, was Sie nun zu tun haben.

Setzen Sie bitte sofort um, was Sie oben für sich herauslesen. Beginnen Sie damit, indem Sie Schlüsselformulierungen für sich notieren (oder für Ihre Mitarbeiter) – Stichwörter, halbe oder komplette Sätze:

Danke! Vielleicht ist auch ein Satz dabei, der ähnlich der obigen Struktur ist »Wenn Sie ..., dann ...«. Das führt uns bereits zum nächsten Thema rund um das Telefonieren: Wenn Sie jemand auffordert, etwas zu tun – möchten auch Sie wissen, warum eigentlich? Liefern Sie Ihrem Zuhörer also einen Grund, das zu tun, wozu Sie ihn auffordern.

Begründen Sie Ihre Aussagen

Sie vermissen ein Motto der Art »Nutzenargumente sind es, was Sie dringend benötigen!« oder »Ihr Gesprächspartner muss sofort seine Vorteile erkennen können«? Dann sind Sie bei der Lektüre dieses Kapitels genau auf dem Punkt gelandet: Es geht um Ihre Art und Weise, wie Sie »Ihr Angebot« präsentieren – egal, welche Funktion Sie ausüben. Typisch sind Aussagen wie: »*Nehmen Sie doch am besten gleich noch (Ihr Angebot) dazu!*«, »*Bestellen Sie besser jetzt statt den Entscheid zu verschieben ...*«, »*Ich biete Ihnen volle 15 Prozent Nachlass an, das ist doch was?!*«

Gründe gibt es immer wieder...

Überlegen Sie nun zunächst, womit Sie diese Behauptungen begründen würden:

....

....

....

....

....

....

....

Hier finden Sie einige Vorschläge:

- »... denn so sparen Sie insgesamt rund die Hälfte der Versandkosten – und kaufen auch pro Stück günstiger ein!«
- »... Dafür gibt es mindestens zwei Gründe. Erstens: Wird der Preis pro Stück bis XYZ um 15 Prozent steigen, das steht bereits fest. Zweitens: Könnte ich Ihnen die von Ihnen überlegte Menge heute noch auf Ihre vorige Bestellung zurechnen – dann kommen Sie über die Schwelle zur nächsten Nachlassstaffel ...«
- »... und Sie arbeiten mit (Ihr Angebot) sofort weiter – das Gerät ist ja voll funktionsfähig, wie Sie sagen. Das bedeutet: Reibungsloses Fortsetzen Ihrer Produktion statt einer weiteren Unterbrechung ...«

Sie nicken heftig und finden das »zu simpel«? Nun, hören Sie sich selbst im Alltag, hören Sie anderen zu: Allzu häufig wird das Selbstverständliche vergessen. Wir selbst wissen ja, was das bedeutet – und nehmen unbewusst an, der andere wisse es auch. Denken Sie bitte daran: Nur in Gedanken gestellte Hörerfragen beantworten heißt, einen gewaltigen Sprung ans Ziel zu tun. Andernfalls brauchen Sie einfach einige Schritte mehr, dorthin zu kommen – und Ihren Zuhörer dorthin zu führen! Sicher, einige Gesprächspartner sprechen aus, was sie denken. Doch eben nur einige.

Jeden erreichen Sie mit Begründungen, die auf so genannte »primäre Bedürfnisse« von Menschen eingehen. Dazu zählen (frei nach Maslow, für den Berufsalltag passende ausgewählt):

- **Besitz:** Gewinn, Ersparnis etc.,
- **Sicherheit:** Garantie, Zeugnis anderer etc.,
- **Zugehörigkeit:** Prestige, Leitfigur, Selbstverwirklichung.

Welche Ansprache Ihr Zuhörer am liebsten hört, lernen Sie aus dem Dialog – stellen Sie also Fragen (s. S. 86)

Wie gehen Sie mit der generellen Skepsis um, die die meisten Ihrer Zuhörer mitbringen? Was immer Sie aussagen, Ihr Gesprächspartner fragt sich innerlich »Stimmt das wirklich, was er/sie sagt?« – natürliche Vorsicht sozusagen, denn in Ihrer Funktion beziehungsweise Position haben Sie ja eine Aufgabe zu erfüllen. Diese Aufgabe erfüllen Sie für Ihr Unternehmen, »pro domo«. Wenn Sie es Ihrem Zuhörer leichter machen wollen, Ihre Aussage zur Reklamation, zum Angebot, zur Abwesenheit des Chefs zu glauben, führen Sie einen »neutralen Dritten« ein – der ist immer glaubwürdiger. Beispiele sehen Sie täglich in Presse und Fernsehen, so genannte Testimonials:

- Experten, die Zeugnis über die Güte eines Angebots abgeben (beispielsweise für Zahnpasta).
- Prominente, die mit ihrer Bekanntheit für Produkte eintreten (Verona Feldbusch und viele andere).
- Kunden, die ihre Begeisterung über Unternehmen und deren Leistungen zeigen (zum Beispiel für Diätmittel).

Ähnlich können auch Sie in mündlicher Kommunikation Zeugnisse anderer nutzen – und so Ihre Argumente neutral »beweisen«.

> *»Mir fällt da spontan Herr ABC ein – er wird doch von Ihrem Berufsverband als Gutachter eingesetzt. Er hat in einem Aufsatz in der Zeitschrift XYZ unter anderem geschrieben – Zitat anführen.«*
> *»Ihr Bürgermeister hat uns eine begeisterte Empfehlung gefaxt – die Verwaltung im Ministerium hat bestellt – ABC hat soeben einen Drei-Jahres-Vertrag unterschrieben: Sagen Sie mir bitte, womit kann ich Sie denn überzeugen?!«*
> *»Ihre Skepsis verstehe ich gut. Letzte Woche erst hat einer meiner Stammkunden genau auf diesen Punkt verwiesen – und gesagt: Das ist es ja, was mich überzeugt hat, schon damals vor sieben Jahren. Und ich ziehe den Hut, dass Sie bei (Ihr Angebot) konsequent dabei geblieben sind, obwohl Sie damit teurer produzieren.«*

Vorschlag: Nehmen Sie dieses Thema auch in Ihr nächstes Meeting mit. Erarbeiten Sie gemeinsam passende Formulierungen.

Einer meiner Klienten hat »von heute auf morgen« damit seine Ergebnisse mit Faktor 2 verbessert – nämlich

- die Umtauschquote fast halbiert;
- die Umwandlung Interessent zu Käufer annähernd verdoppelt;
- die durchschnittliche Gesprächsdauer im reaktiven Telefonieren fast halbiert – und die Gesprächsanzahl pro Stunde im aktiven Telefonieren mehr als verdoppelt.

Wie gefällt Ihnen dieses Testimonial?

 Vermeiden Sie Allgemeinplätze – damit erreichen Sie nur das Gegenteil, Sie wirken also weniger glaubwürdig. Ich meine damit, was Sie selbst häufig in Einzelhandelsgeschäften erleben können, in so genannten Verkaufs- oder auch Beschwerdeverhandlungen: »Das habe ich mir selbst gekauft – und ich kann Ihnen nur sagen: Toll – ich bin begeistert!«, »Das nehmen viele unserer Kunden – das habe ich heute schon zehnmal verkauft – mindestens!«, »Kann ja gar nicht sein – das höre ich zum ersten Mal! Da hätten doch schon viele unserer kritischen Kunden reklamieren müssen?!«

Wie gehen Sie mit Einwandfragen um?

Lesen Sie auch dann dieses Kapitel aufmerksam, wenn Sie andere Bereiche als den »klassischen Verkauf« betreuen. Einwände »erwischen« Sie nämlich allenthalben:

- Ihr Gesprächspartner versucht, Ihrer Beratung vor einer Kaufzusage zu entwischen – oder bei seiner einzigen Bestellung zu bleiben, statt zusätzlich zu kaufen (moderne und zeitgemäße Bestellannahme mit Cross-Selling).
- Ihr Beschwerdeführer bleibt bei seiner erstgenannten Forderung, statt auf Ihre Vorschläge einzugehen (Kundenbetreuung, Reklamation).
- Ihr Anrufer klebt hartnäckig am Telefon, trotz Ihres Versuches, ihn abzuwimmeln (Sekretariat, Assistenz).
- Ihr schlecht zahlender Kunde vermeidet eine klare Zusage, endlich den offenen Betrag zu überweisen (Buchhaltung).

In allen Bereichen gilt auch diese positive Beurteilung von Einwänden, die Sie sich dringend aneignen sollten.

- **Ein Einwand ist ein Dialogsignal:** Ihr Gesprächspartner ist willig, mit Ihnen in Kontakt zu bleiben.
- **Jeder Einwand zeigt:** Sie müssen weiter daran arbeiten, Ihren Zuhörer zu überzeugen. Somit kennen Sie klar Ihre Aufgabe der nächsten Minuten.
- **Meistens ist ein Einwand ein Kaufsignal:** Räumen Sie die letzten Hindernisse aus dem Weg!

Dafür gibt es eine Menge Strategien und Techniken.

Mehr darüber finden zum Beispiel in meinen Veröffentlichungen »Telefonverkauf ...« (Verlag Hardt u. Wörner, 1995) und »Die 166 besten Checklisten für Call Center und Telemarketing« (Verlag Moderne Industrie 1999)

Hier habe ich einige für Sie zusammengestellt, die Sie in allen Bereichen anwenden können – andere sind wirklich eher für »klassische Vertriebsleute« geeignet.

1. Fragen Sie, was noch zu klären ist.
2. Spielen Sie den Ball zurück.
3. Malen Sie das Bild der »Waage im Gleichgewicht«.

Welchen Weg auch immer Sie situativ wählen, zeigen Sie Ihrem Zuhörer, dass Sie selbst ihm zugehört haben. Eine Überleitung dieser Art hilft Ihnen dabei:

A   »Sie sind also der Meinung, dass ... (kurz zusammenfassen).«
B   »Sie suchen offenbar nach einer Alternative zu (Ihr Angebot).«
C   »Danke, dass Sie mir Ihren Grund nennen! Gesetzt den Fall, es gelingt uns, dafür eine gemeinsame Basis zu finden: Wären Sie dann mit meinem Vorschlag einverstanden?«

> ### Finden Sie die passende Überleitung
>
> Ihre Überleitung sollte zu dem passen, was danach folgt – und umgekehrt gilt dasselbe. Finden Sie sinnvolle Kombinationen:
>
> 1. 2. 3.   A   B   C
>
> Lösung: Zum Beispiel gehen gut: A 2., B 1., C 3. oder A 3., B 3., C 2.

Auf drei mögliche Antwortstrategien gehe ich nun im Detail ein.

Fragen Sie, was noch zu klären ist.

Hier holen Sie sich das Commitment, die Verpflichtung Ihres Partners, wie das Thema weiter zu behandeln sei. Konkrete Varianten könnten sein: »*Was müsste sich ändern, damit Sie mit (Ihr Angebot/Ihr Vorschlag) einig gehen können?*«, »*Herr Oberhuber, sagen Sie , mir bitte: Was hindert Sie noch daran, (Ihr Vorschlag) zuzustimmen?*«, »*Hm, mir scheint, ich muss noch Überzeugungsarbeit leisten. Was benötigen Sie noch von mir an Informationen?*«

Spielen Sie den Ball zurück.

Diese Variante kennen Sie vielleicht als »Bumerang-Methode«. Gemeint ist, die Aussage des anderen exakt (oder sinngemäß) aufzugreifen und weiterzuführen, etwa so: »*Genau das ist der Punkt, der die meisten meiner Gesprächspartner überzeugt: Auf den zweiten Blick heißt das nämlich, ...*« oder »*Wenn es das ist, was Sie möchten, dann machen wir das eben so. Soll ich dann für Sie festhalten, dass Sie (Ihr Angebot) möchten, mit der besonderen Vereinbarung XYZ?!*«

Malen Sie das Bild der »Waage im Gleichgewicht«.

Kommt Ihnen das sehr plakativ vor? In der Praxis kennen Sie das vielleicht als »Salamitaktik«. Besser gefällt mir das »Vergleichen pro und contra«. Natürlich mit dem Ziel, Gegenargumente mindestens auszugleichen, also mehr »pro« in die Waagschale zu werfen. Das geht zum Beispiel so: »*Natürlich scheint der Preis hoch, wenn Sie ihn mit ABC vergleichen. Lassen Sie uns bei diesem Vergleich bleiben: Sie erhalten von uns (Ihr Angebot) mit der besonderen Ausstattung XYZ serienmäßig. Rechnen Sie den Preis bei ABC für XYZ dazu, kommen Sie auf einen rund zehn Prozent höheren Gesamtpreis. Das bedeutet für Sie, (Ihr Angebot) liegt um rund zehn Prozent unter dem marktüblichen Preis. Möchten Sie ...?!«*

Suchen Sie wieder nach der passenden Überleitung

Jetzt sind wieder Sie dran: Übersetzen Sie am besten alle drei Varianten in Ihren Berufsalltag. Leiten Sie jeweils mit einer Variante zu A, B oder C auf Ihre Einwand-Antwort über:

1. _____

2. _____

3. _____

Testen Sie in den kommenden 14 Tagen (für sich, zusammen mit anderen), welche Erfahrungen Sie damit in der Alltagspraxis machen. Passen Sie Ihre Formulierungen entsprechend an. Nutzen Sie regelmäßig jene Sätze,
- mit denen Sie am besten ankommen.
- die sich für Sie selbst am geläufigsten anhören.
- bei denen sich Ihre »neutralen Zuhörer« besonders beeindruckt zeigen (Kollegen, Chef, Mitarbeiter).

Bedenken Sie: Routine gewinnen ist wichtig – wiederholen Sie also häufig. Zugleich gilt: Abwechslung tut Not. Schaffen Sie sich entsprechend ein Repertoire mehrerer »Schlüsselsätze«, das macht Sie flexibler. Viel Erfolg auch hiermit!

Positiv »Nein sagen«

Stellen Sie sich auf ein Plädoyer ein: »Nein sagen« ist besser als verschieben – vertrösten – verbrämen. Begründung: Sie beide (Sie und Ihr Gesprächspartner) sparen Zeit. Sie (als Angerufener oder als Anrufer) gewinnen an Vertrauen. Sie finden Klarheit über das »Was« der Verhandlung. Bleibt die Frage: »Wie« sage ich es meinem Kinde? Sie sehen, im Grunde genommen ist das ein wiederkehrendes

Thema: Häufig unterbleibt das »Nein« auf Grund des Gefühls, höflich sein zu wollen – und zu sollen: Erwartungen erfüllen! Erneut gilt: Machen Sie sich die Situation bewusst. Erweitern Sie Ihr Repertoire, werden Sie flexibler. So sind Sie in der Lage, situativ zu entscheiden, wie Sie vorgehen möchten: Höflich das »Nein« zu umschiffen – dazu tendieren Frauen stärker. Oder auf den Punkt zu kommen und »nein« zu sagen, doch zugleich freundlich zu bleiben – daran hat auch »Mann« zu arbeiten. Das ist der erste Aspekt für dieses Kapitel: Ein »Nein« hören wir weniger gern und reagieren darauf ablehnend. Ihr »Nein« sollte akzeptabel sein.

Ein zweiter Punkt ist: Was wir in Verbindung mit einem zunächst abstrakten »Nein« hören, verarbeiten wir konkret als wünschenswert. Ein häufig zitiertes Beispiel ist: *»Denken Sie jetzt bloß nicht an einen rosa Elefanten!!«* Woran haben Sie soeben gedacht? Damit stehen nämlich »rechtes Hirn« und »linkes Hirn« in Widerstreit miteinander: »Digital« = links sagt »nein«, »analog« = rechts dagegen »stelle dir einen rosa Elefanten vor«. Ich hoffe, dieses (zugegeben vergröberte) Bild hilft Ihnen, das Dilemma zu verstehen. Ein Dilemma, in das Sie einen Zuhörer am Telefon immer dann versetzen, wenn Sie eine Negation verwenden – und das dann auch das Ihre wird. Ein Dilemma, das auch für Geschriebenes gelten kann – deshalb finden Sie in diesem Buch wenig Negationen. Am Telefon erschweren Sie die Kommunikation deshalb, weil Sie nur »ein-sinnig« aktiv sind. Sehen und Fühlen fehlen ja ...

Bewusster nein sagen

Wenn Sie mir so weit gefolgt sind, dann tun Sie bitte auch noch dies: Notieren Sie einige typische Sätze aus Ihrem Alltag (oder aus dem Fernsehen), die Negationen enthalten. Negationen sind Wörter wie:

- nein, nicht, nichts.
- nie, niemals, nirgends.
- kein, niemand – und auch:
- ohne, un-(möglich und so weiter), -los.

Alles klar? Dann notieren Sie jetzt:

Vielleicht haben Sie etwas in dieser Art niedergeschrieben:

>*Das können Sie doch nicht ernst meinen – eine Lieferung bis übermorgen schaffen wir unmöglich!«*
>*»Keine Ahnung, wo der Niedermaier schon wieder ist – nie erreicht man ihn ...«*
>*»Das ist gar kein Problem – das klappt ohne weiteres.«*

Das letzte Beispiel zeigt, dass etwas grundsätzlich Positives in der deutschen Sprache wunderbar negiert auszudrücken ist. Denn gemeint ist offenbar »Natürlich klappt das!«. Einer der bekanntesten Werbeslogans der letzten Jahre lautet »Nichts ist unmöglich«: Eine doppelte Negation von »Alles ist möglich«. Schlimm daran ist, dass der mathematische Leitsatz »minus mal minus ergibt plus« in der Psychologie des Zuhörers falsch ist: Eine doppelte Negation ist und bleibt etwas zweifach Schlechtes.

Sagen Sie »anders nein«

Und es geht doch anders! Für den dritten Satz oben habe ich Ihnen bereits eine Alternative geboten. Versuchen Sie sich bitte an den beiden Sätzen davor – drücken Sie denselben Inhalt positiv aus:

Meine Vorschläge dafür: *»Sie wünschen eine möglichst rasche Lieferung – Mittwoch kann ich Ihnen zusagen.«*, *»Herrn Niedermaier erreiche ich später wieder. Was kann ich ihm ausrichten, damit er Sie vorbereitet zurückruft? Oder wie sonst kann ich Ihnen helfen?«*

Eine weitere »Angewohnheit« oder Unart sind abgeschwächte Suggestivfragen (s. S. 86), die uns andauernd passieren – achten Sie auch darauf im Alltag: *»Wäre es nicht besser, ...?!«* oder *»Möchten Sie nicht doch lieber ...?!«* oder *»Könnten Sie sich nicht vorstellen, dass ...?!«*

Auch hier gilt: weg damit! Streichen Sie einfach das »~~nicht~~« (ja, nehmen Sie Ihren Stift und tun es!!). Wenn Ihnen die Formulierung dann schwer über die Lippen geht, dann liegt das am Ungewohnten. Eine mögliche Alternative ist, dass Sie »nicht« durch »vielleicht« ersetzen. Jetzt haben Sie eine neue Form der abgeschwächten Suggestivfrage, wenn Sie sie wirklich nutzen möchten. Ansonsten: Komplett darauf verzichten. Ersetzen Sie diese durch eine andere Frageform: »Was halten Sie davon: ...« oder »Wie wäre es, wenn ...« (Hypothese).

Was sonst stellen Sie mit den Negationen an? So reich die deutsche Sprache an »Nein«-Varianten ist, so flexibel ist der Wortschatz. An Stelle sämtlicher Negativvarianten gibt es inhaltsgleiche Wörter, die frei sind von »Nein«-Umschreibungen. Mit dem erfreulichen Effekt, dass der oben erwähnte »Rechts-links-Konflikt« im Gehirn Ihres Zuhörers ausbleibt. Ich gebe Ihnen hier einen kleinen Katalog an die Hand, der auch abschwächende Varianten beinhaltet an Stelle von »nicht« oder »un-«:

ohne Porto	→ portofrei, frei Haus
kostenlos	→ gratis, kostenfrei
nicht wollen	→ verzichten
nicht heute	→ übermorgen
nicht vorstellen können	→ schwer vorstellbar
unverständlich	→ weniger verständlich
inkonsequent	→ übertrieben flexibel
nicht zuhören	→ weghören
unkonzentriert	→ abgelenkt
ich weiß nicht…	→ wie auch immer …

Ja, die Blickwinkel sind manches Mal etwas verschoben. Das hilft Ihnen, einen dritten Aspekt leichter in den Griff zu bekommen: Neben erstens »nein« akzeptabler machen und zweitens »nein« besser verstehbar zu formulieren, tritt drittens ein »nein« Ihres Zuhörers abzuschwächen. So können Sie einen Einwand Ihres Gesprächspartners wiederholen und ihm damit belegen: Jawohl, ich habe zugehört! Würden Sie das wörtlich tun, können Sie sich die Antwort im Grunde sparen. Dialogfördernd dagegen ist:

> Ihr Zuhörer: »*Nein, nein, das interessiert mich nicht – mir genügt (Ihr Angebot), alles andere kann ich nicht gebrauchen!*« Aha, (scheinbar) heftige Ablehnung jeglichen Zusatzangebots.

Jetzt könnten Sie antworten, was im Alltag häufig tatsächlich zu hören ist: »Ach so, das interessiert Sie nicht, Sie können (Ihr Zusatzangebot) nicht gebrauchen.« Ende. Ende? Nun – möglich ist auch eine solche Antwort:

»Ich verstehe, im Moment kommt (Ihr Zusatzangebot) für Sie we-niger in Frage. Schön, dass Sie mit (Ihr Angebot) zufrieden sind!«
Damit haben Sie eine wunderbare doppelte Ausgangsposition ge-schaffen, im Gespräch (über Ihr Zusatzangebot) zu bleiben: Sie greifen auf, dass er zufrieden ist. Und Sie konzentrieren das Des-Interesse auf den Moment. Nun können Fragen folgen wie »Wann …?« oder »Unter welcher Voraussetzung …?« oder »Was müsste ich tun, damit …?«

Klar ist, dass Sie auch in Situationen wie diesen entscheiden, wie weit Sie gehen können und möchten. Wenn Ihnen das situativ besser passt, beenden Sie das oben zitierte Gespräch einfach mit »Dafür vielen Dank, viel Erfolg mit (Ihr Angebot), bis zum nächsten Mal, Herr Oberhuber. Schönen Tag noch!«, statt weitere Fragen nachzu-schieben.

Lieber Leser, jetzt liegt es an Ihnen, für typische Formulierungen Ihres Alltags Alternativwörter und -sätze zu finden. Dabei hilft Ihnen ein Synonymwörterbuch der deutschen Sprache. Starten Sie mit jenen Negationssätzen, die Sie ein paar Absätze früher notiert haben: Wieder ein 14-Tages-Package, wenn Sie mögen!

Direkt persönlich: Beziehung schaffen, Konflikt klären

Sie befassen sich nach wie vor mit dem Thema »Telefonkommuni-kation«. Die ist nächst dem Dialog »Vis-à-vis« die persönlichste Form menschlichen Austausches – schriftlich ist ein Dialog nur mit mehr oder weniger starkem zeitlichen Verzug möglich: per Internet fast unmittelbar (Chat), per E-Mail je nach Abruf, per Fax auch quasi innerhalb Minuten, per Brief je nachdem …

Telefonisch kommunizieren Sie »Just-in-time« rund um den Globus. Ihr Sprechen und Hören erfolgt »live«, es fehlen »nur« Sehen und relative körperliche Nähe. Wenn dieser Kontakt per Tele-fon also ein so persönlicher ist – warum sind die Gespräche häufig derart unpersönlich, wie sie im Alltag passieren? Lassen wir Passiv und Konjunktiv beiseite, die haben Sie bereits beim Thema »Aktiv-sprechen« kennen gelernt (s. S. 82).

Direkt persönlich?

Was macht aus Ihrer Sicht ein Telefongespräch mehr oder weniger persönlich und direkt?

Wählen Sie aus dieser Zusammenstellung:

- »Sie« oder Anrede »Herr Oberhuber« – statt »man«.
- »Ich« statt »wir« oder »Abteilung ABC«.
- »Vorname/Name« statt »nur Nachname«.

Sie verringern damit die deutliche Distanz des »Ferngesprächs« gefühlsmäßig. Wer sich dem anderen näher fühlt, empfindet mehr Verpflichtung als jemand, der wenig Verbindliches in der Diskussion »zwischen Fremden« empfindet. Wie Sie das in Ihre Telefonate integrieren, davon handelt der nächste Abschnitt. (s. S. 106).

Ein direkter Draht entsteht dann, wenn Sie neben der sachlichen Klarheit (Fragen, Aussagen, Begründen) auch die Beziehung pflegen. Sprachlich kommunizieren Sie dies durch »Worte persönlicher Anerkennung«, so nennt das profiTel in Hamburg. Beispiele sind *»danke, dass Sie ...«*, *»das ist schön, dass Sie so offen ...«*, *»Das ist ja wirklich interessant, was Sie ...«.*

So signalisieren Sie Ihr Interesse und geben Feedback *»ich habe hingehört«.* Auch so belegen Sie Ihr aktives Zuhören:

- Mithörresonanz wie »mhm, aha, jaaa«.
- Dialogresonanz etwa »ach, interessant«.
- Paraphrasieren im Sinne von mit anderen Worten wiederholen, zusammenfassen oder einen konkreten Gedanken herausgreifen und weiterführen.

Wenn Sie damit das Gespräch (wieder) übernehmen, leiten Sie über: *»Verstehe ich Sie da richtig, Herr ABC: ...«, »Lassen Sie mich zusammen fassen, damit wir beide den gleichen Stand haben: ...«, »Meinen Sie damit, dass ...?!«*

Gestörte Kommunikation?

Überlegen Sie nun bitte, welche kritischen Kommunikations-Situationen Ihren persönlichen Draht zum Gesprächspartner unterbrechen oder das Entstehen von »Chemie stimmt« erschweren könnten:

Aus dem möglichen Katalog greife ich einige besonders typische Situationen heraus, die häufig wiederkehren:

● Sie haben das Gefühl, den anderen dringend unterbrechen zu müssen – was tun Sie?
● Sie erkennen, dass ein anderer Gesprächspartner vonnöten wäre – an Ihrer Stelle oder an der Stelle Ihres jetzigen – wie bringen Sie das rüber?
● Für Sie hört es sich so an, als sollten Sie dringend sofort die Gefühlsebene verlassen – wie versachlichen Sie die Kommunikation?

– Ein weites Feld!

Sie möchten sich intensiv mit der Thematik befassen, etwa für tägliche Reklamationsbetreuung oder Mitarbeiterkontakt per Telefon im Außendienst? Dann empfehle ich Ihnen das Buch von Dr. Regina Mahlmann »Konflikte managen«, Beltz Verlag.

Hier einige Vorgehensweisen für Ihren Telefonalltag:

Unterbrechen auf elegante Weise

Vermeiden Sie, die Unterbrechung auch noch anzukündigen (»*Entschuldigen Sie, wenn ich Sie unterbreche*«) – sondern nennen Sie jenes »Zauberwort« auf das jeder sofort reagiert – den Namen des anderen: »*Herr Oberhuber, Sie sagten gerade ...*« – und setzen mit »des anderen eigenen Worten fort«. Ähnlich gut kommt es, wenn Sie gerade gesprochene Worte einfach wörtlich wiederholen und dann selbst fortfahren: »*... (Ihr Angebot) später erhalten als versprochen. Ja, Herr Oberhuber, das ist wirklich ärgerlich. Deshalb möchte ich ...*«

Weiterleiten mit weicher Landung

Machen Sie sich zu Nutze, was (anrufende) Telefonierer manchmal von sich aus verlangen: Den »kompetenteren« Vorgesetzten. Das klingt dann zum Beispiel so: »Frau Niedermaier, ich merke gerade, darüber sollten Sie sich mit meinem Chef unterhalten. Ich versuche, ihn zu erreichen. Dann sage ich ihm in kurzen Worten, was Ihr Anliegen ist. Und Sie klären alles Weitere mit ihm, bitte. Ist das so für Sie in Ordnung – oder wäre es Ihnen lieber, wenn ich Sie zurückrufen lasse?« Umgekehrte Situation: »Frau Oberhuber, bin ich bei Ihnen wirklich an der richtigen Stelle – oder mit wem sonst in Ihrem Haus sollte ich die Fragestellung (Ihr Angebot) erläutern – bevor ich Ihnen die Zeit stehle?!«

Sachlich »bleiben«!

... oder zum sachlichen Austausch zurückkehren ist die Devise: Wenn die Auseinandersetzung zu emotional zu werden droht, machen Sie einen Schnitt. Das gilt für Situationen wie »reklamierender Anrufer ist auf 180« oder »Smalltalk eines Vielredners führt ins Nirwana«. Dann kann es für Sie angesagt sein, so vorzugehen: »*Herr Niedermaier, sagen Sie mir bitte Ihre Kundennummer, dann kann ich gleich die Details für Sie überprüfen!*«, oder: »*Frau Oberhuber, es ist immer wieder interessant, mit Ihnen über (Nebenthema) zu reden. Was unser heutiges Thema (Ihr Angebot) angeht – wenn ich Sie bisher richtig verstanden habe, dann (zusammenfassen). Das bedeutet, wir sollten jetzt noch folgende Details klären: ...*« und so weiter.

Ihr optimaler Gesprächseinstieg: Willkommen!

»Für den ersten Eindruck gibt es selten eine zweite Chance«, das kennen Sie. Und was erleben Sie im Alltag, ob nun als Angerufener oder auch als Anrufer? Wie hört sich das für Sie an:

»*Kosch!*« als Angerufener – oder als Anrufer: »*Kosch, spreche ich mit Maier?*« Und nun dies: »*Schönen guten Tag, Anita Kosch, Müller Trennwände in Köln – ganz Ohr für Sie!*« – beziehungsweise »*Schönen guten Abend, Frau Müller. Ich bin Anita Kosch – Müller Trennwände. Ich rufe Sie aus Köln an. Spreche ich mit Renate Müller?*«

Sehen Sie den Unterschied, den Sie sonst am Telefon hören?

Begrüßung – so oder so

Vergleichen Sie bitte nochmals die Begrüßungssätze und schreiben ein paar Stichworte dazu auf:

Lassen Sie uns die Unterschiede »greifbar« machen: Grüßen Sie freundlich mit der Tageszeit, ähnlich wie Sie es gewöhnlich tun, wenn Sie jemand persönlich begrüßen. Wenn in Ihrer Gegend eine besondere Grußformel üblich ist, macht es Sinn, diese zu benutzen: Ein herzliches »Grüß Gott!« zeigt, dass Sie von Süddeutschland aus anrufen – oder der Anrufer dort gelandet ist. Das bestätigt ihm: »Aah, da bin ich richtig!« Das gilt auch dann, wenn Sie sonst eher

»norddeutsch« klingen. Das kommt übrigens auch im Norden gut an. Sind Sie allerdings der Meinung, Ihren Telefonpartner einer anderen Region sozusagen heimisch begrüßen zu wollen, dann benutzen Sie seine Grußweise (»Moin moin« oder »ahoi« kann manchmal zu salopp sein!). Oder gehen auf Nummer sicher – mit einem freundlichen »Guten Tag«.

Mein Vorname gehört mir!

Warum sollten Sie Ihren Vornamen immer nennen? – Tatsächlich gibt es viele Gründe. Warum eigentlich nennen Sie Ihren Vornamen mit – oder warum meiden Sie das bisher? Notieren Sie bitte:

Das sind die wichtigsten Gründe:

- Sie werden besser verstanden (und identifiziert).
- Sie verkürzen die (wirkliche oder empfundene) Distanz.
- Sie sind mit Ihrer Persönlichkeit dabei.
- Sie versachlichen das Gespräch.

Sie werden besser verstanden (und identifiziert).

Hören Sie zum Beispiel eine Frau Kosch: »*Ja, stimmt schon: Ich habe eine tiefe Stimme und werde häufig mit ›Herr‹ angesprochen – aber das kläre ich dann schon!*« Hier hilft der Vorname zur Differenzierung Mann–Frau.

Das ist sicher ein seltener vorkommendes Extrembeispiel. Ähnliches mag für häufig vorkommende Namen gelten wie Müller, Maier, Huber und so weiter – unterschiedliche Schreibweisen helfen zwar beim Lesen. Beim Hören hilft der Vorname dabei, einen speziellen Herrn Müller zu identifizieren. Auch in normaleren Situationen hilft die Kombination Vorname–Name bei der Identifikation. Das ist vor allem deshalb wichtig, weil Ihre Gesprächspartner sonst vielleicht durch die Frage »Wie heißt die?!« dauernd abgelenkt bleibt, statt konzentriert zuzuhören. Bei weniger geläufigeren Nachnamen steigert das Nennen des im Allgemeinen häufigeren Vornamens die Merkquote deutlich.

Sie verkürzen die (wirkliche oder empfundene) Distanz.

Es spricht Frau Nies: »Also ich finde das viel zu intim – hernach soll ich mich mit den Kunden auch noch duzen?!« Das sollte sie sich tatsächlich sparen, einige Branchen und Sonderkontakte ausgenommen. Ziel ist eine Verkürzung der Distanz auf eine Art gesellschaftsübliche Businessdistanz, als wären Sie im persönlichen Gespräch: Über den Schreibtisch hinweg – am Besprechungstisch – im Smalltalk bei einer Veranstaltung. Wenn Sie Ihren Vornamen nennen, wird aus dem »Ferngespräch« gefühlsmäßig eher eine persönliche Verhandlung.

Sie sind mit Ihrer Persönlichkeit dabei.

Was sagt eine Frau Brauer dazu? »Die Kunden wollen das gar nicht. Deshalb lasse ich den Vornamen weg!« Diese Kollegin ist eher introvertiert. Sie vermeidet lieber, sich voll einzubringen – was sie über ihren Vornamen natürlich täte. Statt sich hinter dem Etikett »Familienname« zu verbergen, der für viele gilt, outet ein Gesprächspartner sich. Das bedeutet, offen zu sein, »nichts zu verbergen zu haben«. Die Folge ist meist, dass auch Ihr Gesprächspartner sich öffnet: Kleine Ursache (Vorname!), große Wirkung (angenehmes Gespräch!). Sich mit seiner Persönlichkeit voll einzubringen hat übrigens auch etwas mit »Ich identifiziere mich mit meinem Unternehmen und stehe voll dahinter« zu tun.

Sie versachlichen das Gespräch.

Nehmen wir die Aussage einer Frau Rink: »Die Anrufer verstehen meinen Namen besser ohne Vorname – das ist denen zu schnell.« Eben, Frau Rink: Bremsen Sie sich selbst ein wenig. Das Einschieben des Vornamens hilft dem Zuhörer, denn hier hört er Bekanntes – der Nachname ist seltener, daher eher unbekannt und deshalb schwerer verständlich. Und: Sie selbst werden (hoffentlich) ein wenig langsamer sprechen als bisher. Weil ein »Renate Rink« ein wenig aufhält ...

Viele Vornamen-Verweigerer sind sich über diese Fakten unbewusst durchaus im Klaren. So entsteht, dass jemand sich mit »Frau ABC« vorstellt: Die Anrede steht an Stelle des Vornamens.

Nebenbei bemerkt: Mit voller Absicht habe ich hier nur Beispiele aus Frauenmund zitiert: Die Widerstände gegen das Nennen des Vornamens kommen fast ausschließlich von Frauen. Für Männer scheint es natürlicher (s. S. 66).

Ob es Sinn macht, den Namen nochmals zu wiederholen (jedenfalls als Anrufer), darüber streiten sich die Geister. Argumente sind etwa »Name bleibt besser haften« oder »der persönliche Gesprächspartner ist wichtiger als der Firmenname«. Wenn Sie möchten, probieren Sie das für sich aus, zum Beispiel so:

> *»Schönen guten Tag, Sie sprechen mit Vorname Name, Firma GmbH – Vorname, Name – ich rufe aus Ort an ...«*

Entscheiden Sie dann aus Ihrem Erleben heraus: Klingt es/klingen Sie nach Ihrem Empfinden natürlich? Wie kommt das beim Telefonpartner an? Was empfinden Zuhörer dabei? Was ist anders oder besser daran?

Extra-Tipp »Name bei Begrüßung«

Besten Erfolg haben alle, die ihren Namen bildlich vorstellbar machen – so merkt er sich leichter! Beispiele sind:

- *»Sie sprechen mit Laura Lauth – wie ›leise‹ und mit ›haa‹!«*
- *»Ich bin Hanspeter Reiter – wie der Mann auf dem Pferd«.*

Testen Sie's – der Effekt ist ein mehrfacher:

- Ihr Name wird besser verstanden und gemerkt.
- Sie erzielen häufig Heiterkeit – und lockern so das Gespräch auf.
- Sie vermeiden Fragen nach Ihrem Namen oder nach der Schreibweise.

Was soll der Ort bei der Firmenbezeichnung? Was bei der Person der Vorname, ist beim Unternehmen der Firmensitz: Es erleichtert die Identifikation. Meist ist der Ort bekannter als ein Firmenname. Zwei Situationen weichen davon ab: Erstens: Sie sitzen in »Hinterhuglhapfing« – dann machen Sie einfach München daraus, wenn zum Beispiel dies der nächstgelegene oder bekanntere Ort ist. Zweitens: Sie haben einen Bekanntheitsgrad von 80, 90 oder fast 100 Prozent: Dann bestätigt »Ort«, dass alles stimmt. Auch hier gilt: Der eine Teil wirkt besser verständlich und wird besser verstanden, weil durch den anderen Teil Zuhörzeit entsteht.

Eine Überleitung zur Einstimmung: Ist Ihnen bereits Reaktanz (also unbewusste Ablehnung) begegnet, wenn es um die Formel geht »*Was kann ich für Sie tun?*«. Nun, das ist offenbar das Schicksal vieler sinnvoller Neuerungen, sobald sie Allgemeingut werden. Wenn Hinz und Kunz einen solchen Satz herunterrattert, kaum mehr verständlich, wird das Gegenteil des Erwünschten erreicht: Das klingt ja kaum mehr glaubhaft, das hören Sie zum zehnten Mal an diesem Tag – und haben achtmal erlebt, dass die Ankündigung nur teils wirklich erfüllt wurde. Was also ist zu tun?

Überleitung – wozu das denn?

Beleuchten wir kurz das Ziel einer solchen Überleitung, wenn Sie angerufen werden – zunächst Sie:

So sehe ich die Ziele einer Überleitung:

● Sie signalisieren mit einem solchen Satz, dass Sie sich voll auf den Gesprächspartner einstellen, also frei von Ablenkung sind.

● Sie beweisen dem Anrufer: »Aha – hier bin ich richtig«, eine wichtige unausgesprochene Hörerfrage ist beantwortet. Hoffentlich helfen Sie ihm auch, statt ihn weiterzuverbinden!

● Sie geben Ihrem Telefonpartner eine Chance, Ihre Meldeformel zu verarbeiten. Jetzt weiß er oder sie besser, ob das jenes Unternehmen ist, das er hatte per Telefon erreichen wollen.

● Sie geben sich die Chance, sich wirklich auf den Anrufer einzustellen – wegzukommen von Ihrer vorherigen Tätigkeit, aus der Sie nun herausgerissen wurden. Und während der zwei Sekunden Überleitung merken Sie, wenn der andere es eilig hat!

Wie schaffen Sie Akzeptanz für diese Ziele?

● **Ein solcher Satz ist mit Ruhe und mit Pausen zu sprechen:** »Was kann – ich – für Sie – tun?« kommt schon völlig anders an als »Waskanifüsitn« – oder?!

● **Variieren Sie den Satz:** Was nächste Woche einen anderen Satz als diese? Mal weglassen statt zwanghaft anwenden? Variieren Sie: »Wie kann ich Ihnen (heute) helfen?« »Was wünschen Sie?« »... ganz Ohr für Sie!« »Womit kann ich dienen?«

● **Der Ton macht auch hier die Musik:** Klingen Sie freundlich, lächeln Sie! Das ist bei diesem Satz noch wichtiger als sonst ...

Variieren Sie die Überleitung

Jetzt sind Sie nochmals dran: Bitte notieren Sie einige Übergänge, die Sie im Alltag testen werden:

Bleiben Sie abschließend im Gespräch: Bis zum nächsten Mal!

»Was zuletzt kommt, bleibt am besten im Gedächtnis« – dieses geflügelte Wort meint etwa dies: Beim Gesprächsschluss ist vieles möglich. Das reicht von: »Ja dann tschüss« bis hin zu:

> *»Nun, Frau Maier, dann machen wir das wie besprochen: (kurze Zusammenfassung). Ist das alles so richtig?« (Antwort) »Dann vielen Dank fürs Gespräch! Bis zum nächsten Mal (konkreter Termin?) – ich freue mich darauf! Schönen Tag noch ...«*

In manchen Situationen bietet es sich sogar an, den eigenen Namen zu wiederholen: *»Wenn Sie sich notieren wollen?«*, oder: *»Wenn Sie Fragen haben, wenden Sie sich gerne an mich.«* oder: *»Sie haben mit Anita Kosch gesprochen. (Meine Durchwahl ist ...)«* Auch hier gilt: Der Name haftet besser in Verbindung mit dem Vornamen.

Die Kür IV: Vermeiden Sie die »4-F-Falle«

Wie Sie sich Ihrem Gesprächspartner so anpassen und annähern, dass er sich im Kontakt zu Ihnen »heimisch« fühlt, davon handeln mehrere Kapitel dieses Buches. Überlegen Sie jeweils vor einem Telefonat, worauf Sie zu achten haben. Wenn Sie wissen, wen Sie aktiv anrufen, nutzen Ihnen Ihre Vorkenntnisse. Sind Sie der Angerufene, benötigen Sie die ersten Sekunden des Gesprächs, sich noch besser

»WENN SIE GLAUBEN, SIE KÖNNEN MICH AM TELEFON SO EINFACH BELEIDIGEN, HABEN SIE SICH GETÄUSCHT. SAGEN WIR NÄCHSTE WOCHE DIENSTAG UM ELF IN MEINEM BÜRO WENN'S RECHT IST.«

auf den anderen einzustellen. Manches Mal helfen technische Spielereien moderner Telefonanlagen, den Anrufer zu identifizieren – und sich so zum Beispiel auf »mehr oder weniger Dialekt« einzustellen. Kennen Sie den Anrufer beziehungsweise Angerufenen bereits? Dann wählen Sie den passenden Schwerpunkt »V-A-K«. Es sei denn, Sie schwelgen in Ausdrücken aller drei Sinnestypen. Dann sind Sie parat für alles.

Gleiches nehmen Sie sich bitte für die »4 F« vor, denn auch dafür gibt es Regeln:

● **Fremdwörter:** Nur ein Teil davon ist wirklich Allgemeingut. Manche werden missverstanden. »Lehnwörter« stoßen gar auf Aversionen (Amerikanismen!) und sollten nur behutsam vorkommen. Beispiel: *»Wenn wir nächstes Mal meeten, wäre es doch angebracht, analytisch vorzugehen – mit einer Minimalkomposition an Fakten.«*

● **Fachchinesisch:** Selten ist es nötig, mit bewusst gesetzten Begriffen Ihre (Branchen-)Kompetenz zu zeigen. Sonst gilt: weg damit! Beispiel: *»Die Awareness der Core-group mit der ganz speziellen Couleur …«*

● **Floskeln:** Pausen schaffen – Smalltalk führen. Besser wäre: Verzicht auf diese Zeitdiebe. Beispiel: *»Ich will mal so sagen …«*, oder: *»darf ich fragen: …«*

● **Füllwörter:** Sie sind Ihnen bereits im Kapitel »Aktiv sprechen …« (s. S. 82) begegnet in Gestalt von Weichmachern. Also nur sehr gezielt benutzen! Beispiel: eigentlich, also, vielleicht.

Allzu leicht rutschen sie rein – alles durchaus Wörter mit Sinngehalt, wohlgemerkt. Doch häufig sinnentleert verwendet und dann störend: Vermeiden Sie diese! Schauen Sie sich folgende Formulierung geballter F-Wörter an:

»Ich will mal so sagen: Wenn wir nächstes Mal meeten, wäre es doch eigentlich angebracht, analytisch vorzugehen – vielleicht mit einer Minimalkomposition an Fakten. Darf ich fragen, was Sie präferieren, bei der Differenzierung zur Awareness der Core-group mit der ganz speziellen Couleur?«

Reden Sie »4F-frei«!

Alles verstanden? Versuchen Sie sich bitte an einer Übersetzung, in der Sie die »4 F« vermeiden:

Mögliche Varianten wären beispielsweise: »*Was halten Sie davon: Beim nächsten Mal starten wir die Diskussion anhand der gesicherten Informationen. Wie halten wir es mit der Beschreibung des Verhaltens unserer ganz speziellen Kernzielgruppe?*« Oder auch, je nach Ihrer Art (Gespräche, Menschen) zu führen: »*Vorschlag für die Fortsetzung nächstes Mal: Fakten auf den Tisch. Ausgangspunkt: Kernzielgruppe und Nähe zum Produkt.*«

Bei den »4 F« stören in der Regel folgende Punkte:

- **Der Satz ist schwer verständlich.** Mit der Folge, dass Ihr Zuhörer hängen bleibt, über die Bedeutung nachdenkt – das Weitere überhört.
- **Er klingt geschwollen.** Das kann dazu führen, dass Ihr Gesprächspartner sich eher verschließt. Sie brauchen länger für Ihr Gespräch, tun sich schwerer, Ihre Ziele zu erreichen.
- **Es dauert länger,** den gleichen Inhalt zu formulieren und zu kommunizieren. Ihr Zuhörer wird ungeduldig, blockt ab.
- **Sie überhöhen das Niveau.** Vielleicht sieht sich Ihr Gesprächspartner gezwungen mitzuziehen – und ist damit überfordert.

Sie sehen, »4 F« kann die Kommunikation stören! Das Gegenteil ist allemal besser, da zielgerechter: Senken Sie das Niveau auf »leicht verständlich«, damit machen Sie selten etwas falsch – und meistens vieles richtig! Das heißt, Sie vermindern die Zahl der benutzten Fremdwörter, Fachwörter, Floskeln und Füllwörter. Ein guter Rat in der Werbebrief-Kommunikation lautet »immer zwei Bildungsstufen unter dem Schulabschluss der Zielgruppe oder Zielperson«. Das dürfen Sie durchaus mit der telefonischen Kommunikation auf eine Stufe stellen: Hier wie dort wird in aller Regel nur ein Sinn angesprochen. Hier das Auge (visuell) – dort das Ohr (auditiv). Was heißt das konkret?

- Akademiker sprechen Sie auf dem Niveau »Realschule« an.
- Handwerker mit qualifizierendem Hauptschulabschluss und Berufsausbildung: à la Grundschule.

Auch wenn Ihnen das »ein wenig vergröbert dargestellt« erscheint, haben Experimente klar bewiesen: So macht es Sinn. Unter anderem Professor Siegfried Vögele in seinen Augenkamera-Untersuchungen zum Direktmarketing.

Das Verkaufsgespräch mit Brief und Antwortkarte; 99 Erfolgstipps zum Direktmarketing – beide moderne industrie.

Übrigens, sollten Sie andere »4 f« erwartet haben – die dürfen Sie gerne einbringen: frisch, fromm, fröhlich, frei – nämlich die Art und Weise, »wie Sie sind«:

- **frisch:** immer aufmerksam und fit.
- **fromm:** konzentriert auf den Gesprächspartner und überzeugt von »Ihr Angebot«.
- **fröhlich:** lächeln Sie, heitern Sie sich (und andere) auf.
- **frei:** flexibel im Sprechen und Handeln, offen zum Zuhörer (und selbst hinhörend).

Mit den »4 kleinen f« fallen die »4 großen F« leichter weg, bei dem »was Sie nutzen«. Ich wünsche Ihnen »viele F-freie Sätze«!

115

Fazit: Reden Sie frei von der Leber weg!

Kommt Ihnen das bekannt vor? Das Telefon läutet, eine frische Stimme spricht Sie an, fröhlich und melodiös, es entsteht ein Dialog (das heißt, auch Sie kommen zu Wort) – und doch, irgendetwas stimmt nicht – nur was? Als Sie dazwischenfragen, entsteht eine längere Pause und Sie bemerken Unsicherheit bei der Anruferin. Plötzlich wird Ihnen klar: Der Text der anderen Seite war abgelesen! – Was haben Sie empfunden? Wahrscheinlich einen Mix aus

● Mitleid (Anfänger? Schwierige Materie?),
● eigener Unsicherheit (wie klingt das bei mir?),
● Unlust (offenbar bin ich nur einer unter Hunderten, Tausenden, die da angerufen werden – und alle mit dem gleichen Text).

Mancher Angerufene beendet das Gespräch relativ rasch, andere fragen mehr oder weniger behutsam nach, ob das denn ein abgelesener Text sei. – Lassen Sie uns überlegen, was dafür spricht, ein Gespräch stark vorzubereiten, vielleicht sogar »vorzuformulieren«.

Im Laufe der letzten Kapitel haben Sie nach und nach die wichtigen Kriterien für ein gelingendes Telefonat kennen gelernt oder sich wieder bewusst gemacht. Effektiv wird die Telefonkommunikation dann, wenn Sie jedes einzelne dieser Kriterien möglichst gezielt einsetzen. Nur: Es muss zu Ihnen passen. Ihr Sprechen muss natürlich erscheinen, ob Sie nun selbst aktiv anrufen oder angerufen werden. Nur Sie als authentische Person kommen wirklich gut an – siehe unsere Diskussion zum Punkt »deutlich und verständlich (s. S. 74) – doch besser (leicht) umgangssprachlich statt Bühnensprache«.

Selbstverständlich wollen Sie Ihr Telefonat zielgerecht führen. Dabei hilft eine Art Checkliste, damit Sie Ihren roten Faden immer behalten und an alle wichtigen Punkte denken, die zu klären sind. Wie schaffen Sie nun diesen Spagat in Ihrer beruflichen Telefonpraxis? Auch hier gilt: Testen Sie, wägen Sie ab, entscheiden Sie situativ und »Ihrem Typ« entsprechend. Telefonprofis gehen meist in folgenden Schritten vor, wenn sie sich einer neuen Aufgabe widmen und diese nach und nach in die Routine überführen:

- Was sind die Ziele des Telefonats?
- Welche Kernaussagen sind zu klären?
- Was muss ich dazu über meinen Gesprächspartner wissen?
- Wann ist die ideale Zeit fürs Telefonat (auch für Sie wichtig, wenn Sie angerufen werden und keine Zeit haben)?
- Warum macht das Telefonat für beide Sinn?

Sobald diese Rahmenbedingungen geklärt sind (s. S. 119), entwickeln Sie Ihr Gespräch:

- Umsetzen dieser Inhalte in einen Telefonleitfaden in der Abfolge des Gesprächs.
- Testen mit einem Gesprächspartner. Anpassen, alternative Formulierungen finden, Wortschatz variieren (NLP!).
- Herausnehmen der entscheidenden Satzteile (zunächst mit Marker, dann getrennt notieren).

Es entsteht ein »Schlüssel-Wort-Leitfaden« oder eine Checkliste: So sind Sie sicher, während des Telefonats an alles Entscheidende zu denken. Doch Sie formulieren flexibel je nach Gesprächspartner und Gesprächssituation, anstatt einen kompletten Text Wort für Wort abzulesen.

In manchen Situationen aktiven Anrufens ist ein voll strukturierter und ausformulierter Leitfaden sogar Voraussetzung – denken Sie beispielsweise an Marktforschung oder Bedarfsanalysen. Um die Ergebnisse überhaupt vergleichbar zu machen, ist es dringend erforderlich, immer die gleichen Fragen in gleicher Art und Weise zu stellen. Hier ist noch wichtiger als sonst, auf den Stimmeinsatz zu achten – klingen Sie »freier«, solange Sie den Faden behalten (s. S. 74, die Einstiegsgeschichte dieses Kapitels!). Sie erinnern die Kriterien, auf die Sie als Zuhörer instinktiv achten?

- Sprachmelodie (rauf und runter statt Monotonie).
- Sprechgeschwindigkeit (mittel; je nach Inhalt eher langsam – Sie sind dann verständlicher).
- Tonhöhe (mittel; eher tief – Sie wirken glaubwürdiger, weil Sie damit Sicherheit ausstrahlen).

Leitfäden machen Sinn, solange Sie sie als Anhaltspunkt fürs Telefonat nutzen, statt abzulesen. Deshalb finden Sie in diesem Arbeitsbuch immer wieder Gesprächsstrukturen. Sie beinhalten Schlüsselformulierungen – und die sind die entscheidenden Elemente. Betten Sie derartige Elemente in Ihr Gespräch ein, umrahmt von Ihren Formulierungen – dann schaffen Sie beides: Authentisch sein (»wie Ihnen der Schnabel gewachsen ist«) und zugleich zielgerichtet telefonieren (»Ihr Gespräch führen«).

Dazu gehören weitere Aspekte, beispielsweise organisatorischer oder auch psychisch-mentaler Art. Dies sind Themen des nächsten Kapitels.

Zielgerecht telefonieren

Vorbeugen ist die halbe Miete!

Organisieren: Analysieren – planen – umsetzen

»Gehen Sie erst dann ans Telefon, wenn Sie 90 Prozent darüber Bescheid wissen, *was* besprochen werden könnte!« Diesen guten Rat geben Praktiker der Telefonkommunikation aus gutem Grunde.

Richtig ist: Wenn Sie das »wie sage ich es meinem Gesprächspartner« anzuwenden wissen, haben Sie nur einen wichtigen Teil der Lösung im Griff: das »Know-*how*«. Doch letztlich benötigen Sie auch das »Know« – es sei denn, Sie sind als Agent im Frontoffice eines Call-Centers tätig. Da der Trend schon seit Anfang des neuen Jahrhunderts zum umfassenden Communication-Center geht, wachsen auch dort die Anforderungen: Mit lockerem Reden allein kommen Nachwuchskräfte zwar leichter in einen Job mit vielen Telefonaten als inhaltlich versierte klassische Sachbearbeiter. Doch deren Wissen muss der Nachwuchs erst einmal aufnehmen. Und eben darin liegt eine weitere Kunst für Businesstelefonate: Wer seinen Beruf selbstständig ausüben möchte, tut diesen Schritt. In Alleinregie oder mit Hilfe seiner Führungskraft oder eines erfahrenen Kollegen, der »Patenfunktion« übernimmt.

- **Analyse der Situation:** Auf welche Gesprächsinhalte sollten Sie vorbereitet sein?
- **Planen des Zugriffs auf Information:** Woher verschaffe ich mir »Just-in-time« die erforderlichen Infos in einer Situation?
- **Umsetzen für den Alltag:** Üben der häufigst vorkommenden Fragestellungen per Rollenspiel oder in anderer Blindtest-Form.

Wohlgemerkt, diese Fragen werden telefonisch wie schriftlich zu klären sein. Die besondere Herausforderung der Telefonsituation liegt darin, dass Sie sofort zu reagieren haben statt »gemütlich auf die Suche zu gehen«. Umso wichtiger ist es, alles parat zu haben! Ihre Reaktion auf schriftlichem Weg profitiert von dieser optimierten Organisation, die telefonbezogen ist. Wie Sie dabei im Einzelnen vorgehen, sprengt die Thematik sowie den Umfang dieses Buches. Deshalb verzichte ich auf weitere Details. Lassen Sie mich aber betonen: Konzentrieren Sie sich zunächst auf häufig vorkommende Situationen, definiert nach der Pareto-Regel. Das heißt: 20 Prozent der »Fälle« beanspruchen 80 Prozent des Vorkommens (es mögen 10/90 oder 30/70 sein).

Was den Vorteil hat: Sie haben rasch den weitaus größten Teil möglicher Fälle im Griff, wenn Sie so gezielt vorgehen.

Ziele definieren und controllen

Sie erlauben, dass ich Ihnen dies schlichtweg vorgebe: Ein Ziel ist dann sinnvoll definiert und anzustreben, wenn es

- **konkret fassbar ist:** »8 von 10 telefonischen Reklamationen klären wir sofort beim Erstgespräch« statt »wir versuchen, möglichst viele telefonische Reklamationen sofort zu klären«.
- **als in Zukunft erreicht formuliert ist:** »Der aktuelle Wert ist 7 von 10. Bis 30. Juni des kommenden Jahres sind wir beim Wert 8 von 10.« Statt »Wir planen, im Lauf des kommenden Jahres ...«
- **vergleichbar ist:** »Verkürzen der durchschnittlichen Gesprächsdauer von 2¼ auf 2 Minuten« muss unterschiedliche Gesprächsinhalte berücksichtigen: Vermitteln dauert zum Beispiel 15 Sekunden, Bestellung aufnehmen 1,5 Minuten, Reklamationen betreuen 2,5 Minuten – Beratung mit dem Verkauf durchaus auch einmal 5 Minuten und länger.
- **erreichbar und herausfordernd ist:** Ehrgeizig zwar, doch machbar statt illusorisch und überzogen. Zum Beispiel »2 Minuten im Schnitt statt vorher 2¼ Minuten« gegenüber »1¾ Minuten« (zu viel) oder »2 Minuten 10 Sekunden« (zu lasch).

Fassen Sie Ziele konkret

So weit klar? Dann nehmen Sie sich nun (bis zu) drei wichtige Zielwerte vor und definieren Sie sie nach obigem Muster.

Wert:

Vergleich:

Erreichen bis:

Wert:

Vergleich:

Erreichen bis:

Wert:

Vergleich:

Erreichen bis:

Dies alles sollten quantitative Werte sein. Derart konkret messbare Ziele haben den gewaltigen Vorteil, leicht kontrollierbar zu sein. Am Anfang und am Ende einer Periode – und vor allem auch zwischendurch. Denn zum Ziel hin führt eine Entwicklung: Die Erwartung »heute X, morgen Y« wäre etwas blauäugig. Deshalb gilt:

● Sie ermitteln die Ziele zusammen mit den Betroffenen und treffen eine Vereinbarung. (Commitment)

● Definiert sind auch die Controllingperioden. (Wöchentlich/14-tägig/monatlich/1-mal im Quartal)

● Sie informieren entsprechend und klären nötige Veränderungen, um die Ziele erreichbar zu machen. (Schulungen, Rahmenbedingungen)

● Wenn möglich, binden Sie Versprechen für das Erreichen und das Überschreiten der Ziele in die Vereinbarung ein.

Nutzen Sie Bandbreiten: 10-Sekunden-Takt, 5-Prozent-Schritte und so weiter. Im Verkauf ist dieses Messen allgemein üblich, in anderen Bereichen ist dies dagegen kaum möglich. Prüfen Sie beispielsweise auch die Möglichkeit von Teamereignissen wie Theaterbesuch, Grillen usw. – Damit schaffen Sie Gemeinsamkeit statt »nur Wettbewerb«.

Dies als Nebenbemerkung: Natürlich gibt es auch qualitativ definierbare Ziele. Zu greifen sind sie deutlich schwerer: »Wir wollen besser werden« ist nett – doch was heißt das wohl? Klarer wäre »Wir wollen im Bereich XYZ besser werden als Unternehmen ABC«. Damit sind wir beim Benchmarking: Sie messen sich, Ihr Team oder Ihr Unternehmen an anderen. Orientieren Sie sich an aktuellen Benchmarkstudien – die gibt es inzwischen für viele Branchen. Konkret für Telefonkommunikation (Inhouse-Service-Center oder Dienstleistungs-Contact-Center) beispielsweise die jährlich wieder aufgelegte Studie der Universitäten Purdue (USA) und Hamburg, durchgeführt von der profiTel Hamburg.

Telefonate vorbereiten und nacharbeiten

Anschließend ans vorige Kapitel definieren wir ein Musterbeispiel für qualitative Zielvereinbarung: »Jeder Mitarbeiter verfügt über schriftliche Vorlagen für Telefongespräche und über die nötige Kompetenz für die erforderlichen Folgeschritte.«

Zielvereinbarung für Ihre Firmensituation

Überlegen Sie bitte eingangs dieses Kapitels, wie sich das in Ihrem Unternehmen/an Ihrem Arbeitsplatz darstellt:

Haben Sie dafür gesorgt, dass Sie und Ihre Mitarbeiter über »Klarheit, Kenntnis, Kompetenzen« verfügen? Folgendes gehört zum Mindeststandard:

● Checklisten und Formulare für die Vorbereitung eines Telefonats: Welche Informationen zu welchem Themen benötige ich beziehungsweise muss ich noch erfragen? Welche Schlüsselsätze sind zu formulieren (Struktur und Inhalt von Gesprächen)?

● Checklisten und Formulare für die Nachbereitung eines Telefonats: Wer ist zuständig für was und wo erreichbar? In welcher Form ist zu informieren – auf welchem Weg?

● Texte für die Nachbereitung eines Telefonats: Bestätigung per Brief, Fax oder E-Mail.

Dies sind Beispiele! Damit übersetzen Sie auf Papier, was Sie vorher mit Ihrem Zuhörer besprochen haben: »Lassen Sie mich kurz zusammenfassen. Das bestätige ich Ihnen gern Schwarz auf Weiß, damit Sie es in Händen haben. Möchten Sie es lieber per Post, Fax oder E-Mail?« Zu solchen Nachbereitungen zählen beispielsweise: Bestätigung für Auftrag oder Gesprächstermin; festhalten von Absprachen zu Reklamationen oder Zahlungsvereinbarungen; alle Arten von Vereinbarungen über Vorgänge – etwa Änderungen und Künftiges.

Immer gilt: Reagieren Sie »asap«. Das kennen einige noch aus der alten Telexzeit: »as soon as possible«, der Erwartung Ihres Gesprächspartners entsprechend. Und zwar bevor die Erinnerung an die Absprache im Nebel des Alltags entschwindet.

Der nächste Schritt ist das Umsetzen in die Praxis: Klären Sie auf Grund Ihrer Liste, welche Checklisten und Formulare änderungswürdig wären, zum Beispiel durch Abgleich mit den Inhalten dieses Buches. Parallel dazu halten Sie dann fest, was Sie aus Ihrer Liste der Textvorlagen realisieren möchten – und zwar »wer mit wem bis wann«.

Am besten ist, Sie erstellen eine Liste per Textverarbeitung oder einem Arbeitsblatt Ihrer Tabellenkalkulation am PC und tragen da in die entsprechenden Spalten ein, wer mit wem bis wann was zu erledigen hat. Das sichert die Umsetzung enorm.

Vorlagen: Stand der Dinge?

Überlegen Sie nun bitte, welche Vorlagen Sie bereits im Haus haben und welche Sie noch sinnvoll ergänzen möchten.

Checklisten und Formulare

Intern vorhanden:

Neu anzufertigen:

Textvorlagen für die Kommunikation nach außen

Intern vorhanden:

Neu anzufertigen:

Gesprächsdramaturgie

Sie haben die wesentlichen Inhalte Ihrer Telefonate festgelegt, zuletzt durch das »Drumherum« ergänzt – und vorher die Ziele definiert. Im Alltag kommt es nun darauf an, diese Inhalte auch an den Mann beziehungsweise an die Frau zu bringen. Ob als angerufener Kundenbetreuer oder Assistent, als anrufender Verkäufer oder Marktforscher – Sie stehen im Wettbewerb zu dem, was Sie und/oder Ihren Gesprächspartner ablenken könnte. Präsentieren Sie Ihr »was« also jedenfalls so, dass Sie das angestrebte Ziel sicher erreichen. Deshalb gibt es Ablaufstrukturen wie AIDA (s. S. 89) die mit »Aufmerksamkeit gewinnen« starten. Auch im weiteren Verlauf des Gesprächs müssen Sie sich die Aufmerksamkeit immer wieder holen. Denn auch Ihr Anrufer ist nur bedingt Willens und in der Lage, mit Ihnen über einen längeren Zeitraum im Gespräch zu bleiben. Folgende Möglichkeiten haben Sie, um die Aufmerksamkeit zu behalten oder zu gewinnen:

- Bringen Sie inhaltlich Neues oder anderes, von dem Sie wissen, das interessiert Ihren Zuhörer.
- Verändern Sie Ihre Darstellung mit Hilfe von Stimme und Sprechen: lauter/leise, höher/tiefer, Modulation und so weiter (s. S. 47ff).
- Fragen Sie – damit fordern und fördern Sie die Konzentration und entwickeln einen Dialog (s. S. 86).
- Nennen Sie Namen – den Ihres Gesprächspartners (höchste Aufmerksamkeit!), Ihren eigenen, den von Empfehlenden (s. S. 106).
- Bringen Sie Ihre Highlights portionsweise ein, anstatt sie geballt auf einmal zu verpulvern: Wenn Sie drei zu bieten haben, starten Sie mit dem zweitwichtigsten, lassen (später im Gespräch) das drittwichtigste folgen und bringen auf dem Höhepunkt der Verhandlung Ihr wichtigstes Highlight ein.
- Bewahren Sie sich immer (mindestens) ein Highlight für später auf – damit haben Sie immer noch eine Chance in petto, Aufmerksamkeit auf sich zu ziehen!

Lassen Sie uns bei dem letzten Punkt bleiben. Er ist mitentscheidend für Ihre gelingende Gesprächsdramaturgie: Was könnte Ihnen Besseres passieren, als dass Sie am Schluss des Gesprächs noch ergänzen können: *»… und damit, Herr Neukunde, sichern Sie sich außerdem das Anrecht/die Option auf XYZ – zum gleichen Preis!«*

Was macht Ihr Angebot so wünschenswert?

Notieren Sie bitte hier bis zu sechs hervorstechende Eigenschaften von »Ihrem Angebot«, bezogen auf Ihre Arbeit – mindestens drei sollten es sein.

Gewichten Sie nun die Bedeutsamkeit dieser Highlights aus der Sicht Ihrer Zuhörer. Tragen Sie dazu bitte einfach rechts in die Kästen »1« für den wichtigsten Aspekt und so weiter bis »3« (… »6«) für den am wenigsten wichtigen ein. Sie haben weniger als drei? Das kann daran liegen, dass Sie sich auf Neues oder Ausschließliches beschränkt haben. Ergänzen Sie ruhig auch das, was Sie schon »x-mal« genannt haben: Erinnern Sie Ihren Gesprächspartner an alle wesentlichen Leistungen Ihres Angebots, wenn dies nötig sein sollte! Das gilt genauso für Reklamierer unter Ihren Stammkunden oder für Ihren Lieferanten, wenn Sie Einkäufer sind und in Verhandlungen über Einkaufskonditionen stehen.

Sie könnten deutlich mehr als sechs Highlights notieren? Dann übertragen Sie Ihre Liste auf ein Extrablatt. Unterscheiden Sie zum Beispiel nach verschiedenen Gruppen von Gesprächspartnern, denen Sie diese Highlights zuordnen können: Groß-/Einzelhändler, Groß-/Einzelkunden; Privat-/Geschäftskunden; Käufer/Reklamierer/Interessierte; Männer/Frauen, Ältere/Jüngere usw.

Dann verfügen Sie über Teillisten für Gruppen je nach Aufgabe. Bleiben Sie nach wie vor über sechs Punkten – gratuliere! Nützen Sie die Chance, die am wenigsten relevanten Highlights zu streichen. Das bedeutet, Sie haben eine Alternativliste »für den Fall des Falles«. Darauf greifen Sie dann zurück, wenn Sie einen besonders hartnäckigen Gesprächspartner am Telefon haben, den Sie unbedingt überzeugen möchten. Das geht dann so:

»Herr Neukunde – Sie sehen mich sprachlos! Wenn ich Revue passieren lasse, was wir schon besprochen haben … 1., 2., 3., 4., 5., 6. – was kann ich dann noch sagen?« (Partner antwortet zum Beispiel »Na, dann lassen Sie sich mal was einfallen!«) *»Schön, Herr Neukunde, was halten Sie davon? 7., 8., 9., 10.«* (und Sie zählen wirklich nummeriert auf!) *»Das war es dann wirklich – und nun sind Sie dran!«*

Rangliste Ihrer Angebotsvorteile

Und nun notieren Sie bitte die Highlights hier nochmals in der »richtigen« Reihenfolge (aus der Sicht Ihrer Zuhörer):

1. _____

_____

2. _____

_____

3. _____

_____

4. _____

_____

5. _____

_____

6. _____

_____

Damit sollten Sie Ihren Zuhörer dermaßen verblüfft haben, dass er

● Ihren Vorschlag zum Mängelausgleich annimmt.
● »Ihr Angebot« kauft.
● Sie zur Präsentation einlädt.
● den Einkaufspreis Ihres Vorstufenprodukts reduziert.

Warum das? Weil Sie ihm durch die Zusammenfassung sagen, was alles schon im Gespräch war. Und Sie »trotzdem« noch eine ganze Litanei an Highlights zu bieten haben (statt nur vielleicht ein weiteres). Nur: Das ist wirklich ein Sonderfall! Für weit über 90 Prozent Ihrer Telefonate bleiben Sie dringend bei »drei bis sechs«.

Viel Erfolg damit!

Telefonieren statt schreiben

»Bestätigen Sie wichtige mündliche Vereinbarungen schriftlich« –
(s. S. 122). Das ist Wasser auf die Mühlen vieler, vor allem älterer
Kollegen, die sagen: »Wozu telefonieren, das muss ich ja schriftlich
klären!« Denn Gründe gibt es immer wieder, auf den Anruf zu verzichten – zum Beispiel folgende (gleich mit Lösungsvorschlägen):

- Einer der Gesprächspartner ist chronisch schwer erreichbar –
  mehrfaches Anwählen ist aufwändig. Lösung: festlegen, wie häufig Sie anrufen wollen (»3-mal, dann schriftlich«).
- Für Schriftliches gibt es Vorlagen und Textbausteine – Telefonate
  sind individuell und damit schwierig. Lösung: Leitfaden für Telefonate, Trainings.
- Anrufe reißen aus der Arbeit heraus, sie stören. Lösung: Telefon-
  zeiten definieren. Einwände der Mitarbeiter provozieren. Mentale Einstellung verändern. Abläufe aufs Telefon zusteuern (zum
  Beispiel durch häufiges Aufführen der Nummern in den schriftlichen Kontakten).

Vorteile durch Telefon-Dialog (statt Brief)

Um »mehr Telefon im Ablauf« zu kämpfen lohnt sich. Welche Vorteile
sehen Sie darin für sich und für Ihr Unternehmen?

Folgende Vorteile sind es auf jeden Fall:

● **Zeitvorteil:** Schriftlicher Austausch dauert – selbst in Zeiten von E-Mail. Statt innerhalb von Tagen klären Sie einen Vorgang telefonisch innerhalb von Minuten.
● **Dringend statt wichtig:** Das Telefonat verdrängt sogar E-Mails vom Stapel.
● **Dialog:** Wenn Fragen zu klären sind, geht das »im Moment«.

Welche Situationen betrifft das überhaupt?

● **Reklamationen:** Leihen Sie Ihrem Kunden ein Ohr – das kommt gut an, stimmt ihn besser!
● **Anfragen:** Ermitteln Sie den Bedarf konkret – und zeigen Sie Ihrem Interessierten, dass auch Sie interessiert sind.
● **Zahlung, Mahnung:** Verpflichten Sie säumige Zahler im Dialog zum nächsten Schritt statt lästiger Eskalation im Briefverkehr.
● **Änderungen:** Wenn sich eine Lieferung verzögert, informieren Sie Betroffene umgehend.

Schaffen Sie diese Art von Telefonkultur Schritt für Schritt – bei sich, für Ihr Team, für Ihr Unternehmen:

● **Sofortige Annahme von eingehenden Anrufen** (zwei- bis dreimaliges Läuten): Mit einem freundlichen, präzisen, informierenden Einstiegstext das Gespräch beginnen. Das lockert die Atmosphäre auf und gibt auch Reklamierern die Chance, Luft beim Zuhören abzulassen.
● **Direktes Klären der Situation am Telefon im Dialog** statt Aufnehmen und späterem Schreiben. Falls ein längerer Klärungsvorgang notwendig ist, Rückruf vereinbaren.
● **Telefonisch reagieren auf schriftlichen Kontakt:** Das entspricht der Erwartung auch jener Geschäftspartner, die später eine schriftliche Bestätigung wünschen: Sie antworten rasch!
● **Aktiv und pro-aktiv Lösungen anbieten:** Anstatt die Reaktion der Betroffenen abzuwarten sofort rangehen. Natürlich hängt das von der Menge erforderlicher Kontakte ab.

Vorteile des Telefoneinsatzes für alle Beteiligten

Fassen Sie hier die Vorteile zusammen, die Sie in diesem »Vorgehen per Telefon« erkennen.

Für den Kunden/Gesprächspartner:

Ideen dazu wären: raschere Antwort, persönlicher Kontakt, Lösung im Austausch statt vorgegeben, ist angenehmer als »Vorgang hin und her geschickt«.

Für den Mitarbeiter:

Ideen dazu wären: spart Zeit (Telefonzeit = investiv!), Vorgang auf einmal erledigt statt ewiger Wiedervorlagen, spart Ärger (Wutspirale vermeiden) – weniger Reklamationen!

Für das Unternehmen:

Zum Beispiel: spart Geld (Vorgang weniger aufwändig; Nachlässe nachweislich deutlich niedriger als bei schriftlichen Vorschlägen), hält Kunden, die sonst abspringen würden, schafft Zusatz-Umsätze (telefonische Bestellungen sind im Allgemeinen deutlich höher als schriftliche), bringt mehr Infos über die Kunden.

Was meinen Sie: Genügend Gründe, das Telefon als »Tool« zu forcieren? Wenn Sie sich darauf einstimmen möchten, lesen Sie nochmals die Seiten 9ff!

Die Kür V: Vereinbarungen am Telefon festmachen

Lassen Sie mich betonen: Ihr Zuhörer sollte immer wissen, was jetzt gerade geschieht und was nach dem Telefonat zu tun ist. Dazu dienen folgende wichtige Kommunikationssignale: »*Ist es Ihnen recht, wenn ich gleich mitschreibe?*«, »*Ich notiere:…*«, »*Haben Sie Stift und Papier zur Hand (Ihren PC gerade an)?*«, »*Notieren Sie bitte: …*«, »*Dann machen wir das also wie vereinbart: Ich …, Sie …*«, »*Natürlich erhalten Sie das von mir Schwarz auf Weiß. Welche Form bevorzugen Sie?*«, »*Wen sonst sollten wir beide noch informieren?*«

Für Sie bedeutet das:

- Sie schließen Missverständnisse aus.
- Sie schaffen gleich die Basis für eine schriftliche Bestätigung mit geringstem Aufwand.
- Sie generieren eine Wiedervorlage (bei sich, beim Zuhörer).

Damit reduzieren Sie Ihren Aufwand erheblich. Vorausgesetzt, Sie haben Telefonate (s. S. 122ff.) sorgsam studiert und Ihre »Hausaufgaben« gemacht. Sonst holen Sie das nun bitte dringend nach.

Die Kür VI: Mitarbeiter »virtuell führen« per Telefon

Sie verstehen dieses moderne Schlagwort vielleicht in der Art: Sich mit verstreut wirkenden Mitgliedern eines Teams aus der Ferne abzustimmen, also unter Verzicht auf »Face-to-face«-Kontakte und -Meetings. Nun, das hat es schon immer gegeben, beispielsweise

- **Projektteams international tätiger Unternehmen mit Teilnehmern auf diversen Kontinenten:** persönlich zum »Kick-off« und einmal jährlich, sonst per Telefon und schriftlich.
- **Außendienst ist über ganz Deutschland verstreut:** Neben Teammeetings im kleinen Rahmen (wöchentlich oder 14-tägig) und Führungsmeetings (monatlich) alle zusammen nur einmal im Jahr – sonst »virtuell«.

Instrumente für »virtuelles Führen«

Was genau kommt zum Einsatz bei diesem »Führen aus der Ferne«? Wenn Sie selbst in einer dieser Situationen sind (und nur dann werden Sie dieses Kapitel intensiver lesen), notieren Sie bitte jene Führungsinstrumente, die Sie einsetzen und/oder selbst erleben:

Einige dieser »Tools« werden Sie notiert haben:

- Rundschreiben, Memos, Infos (kurze, häufiger wiederkehrende schriftliche Notizen also).
- Mitarbeiterzeitschrift (ausführlich, seltener, mit einem Mix aus Information und Unterhaltung).
- Videokonferenz (spart Reise- und Veranstaltungskosten – und eine Menge Zeit).
- Telefonkonferenz, Telefongespräche.

Dass mehr und mehr schriftliche Informationen per Internet verteilt werden, stellt einen Wechsel des Mediums dar, ansonsten ist alles wie gehabt! Nur eben statt auf Papier verteilt jetzt elektronisch per E-Mail, Website im geschlossenen Nutzerkreis, SMS für Kürzest-Infos usw.

So gesehen ist das Telefon ein absolut klassisches Führungsinstrument. Es behält seine Bedeutung auch in Zeiten von Internet, es weitet sie sogar aus. Zum Beispiel:

- Wochenbericht (oder andere Periode), in der Regel reaktiv, also Mitarbeiter ruft Führungskraft an.
- Coaching, eine Art »Tele-Bordsteinkonferenz« – Mix aus aktiv-reaktiv: Mitarbeiter wünscht »Begleitung«.
- Controlling von Commitments (Zielen), geschieht auch aktiv: »Was ist denn aus ... geworden?!« »Wie sieht Ihre Planung für die kommende Woche konkret aus?«
- Informationsaustausch im Dialog per Telefon statt schlichter unidirektionaler Informationsverteilung.

Wenn all dies doch schon lange in Gebrauch ist, was ist dann »neu« am »virtuellen Führen«? Neu scheint zu sein, dass es für die fernmündliche Kommunikation mehr Chancen gibt: eben Handy statt Telefonzelle. So nutzen Sie Pausensituationen, die früher zu kurz gewesen wären, um extra eine Telefonkabine zu finden. Es existieren mehr Möglichkeiten, Nachrichten zu hinterlassen, die der Empfänger quasi jederzeit an jedem Ort abzurufen vermag.

Im Gleichklang entsteht eine neue Herausforderung: das Managen dieser Möglichkeiten. Das organisierte Umgehen damit auf beiden Seiten: Mitarbeiter und Führungskraft.

Die Kür VII: Wie Sie Beschwerden provozieren – und bestens damit zurecht kommen

Sie kennen Untersuchungen zur Kundenzufriedenheit? Welche auch immer, sie alle belegen immer wieder aufs Neue diese eine (qualitative) Grundaussage, so unterschiedlich die konkreten (quantitativen) Zahlenwerte auch sein mögen: Wer Grund zur Beschwerde hatte und mit dem Handling rund um seine Reklamation zufrieden war, wird künftig mit einer deutlich höheren Wahrscheinlichkeit wieder beim Verursacher der Beschwerde kaufen als ein Kunde, der keinen Grund zur Beschwerde hatte.

Diese Aussage hat mehr Logik als der erste Eindruck zeigt. Vergleichen Sie die Situation mit einer Partnerschaft: Solange alles eitel Sonnenschein ist, bleibt die Zukunft offen, erscheint rosarot. Erst in kritischen Situationen wird die Partnerschaft wirklich getestet: Wie gehen die beiden miteinander um? Ebenso ist der Reklamationsfall ein echter Härtetest für die Partnerschaft zwischen Kunde und Unternehmen. Gehen beide so miteinander um, dass die kritische Lage »Win-Win« bereinigt wird, bietet das beste Voraussetzungen für eine gesicherte Zukunft. Dem Verursacher der Schwierigkeit kommt dabei die größere Verantwortung für gutes Gelingen zu. Wie Sie einer solchen Situation am Telefon begegnen können, dazu gleich mehr.

»Beschwerden provozieren« ist allerdings eine Aufforderung, die manchen schlucken lässt. Immerhin könnte ja passieren, dass Ihr Kunde mit der Behandlung weniger zufrieden ist. Und das wiederum würde bedeuten: Gehen Sie davon aus, dass ein solcher Kunde kaum mehr bei Ihnen wieder kauft – auch das sagen jene Untersuchungen klar und deutlich. Sollten Sie die Aufforderung so verstanden haben: Fehler bewusst zu produzieren, damit Sie sich Chancen für ein exzellentes Beschwerdemanagement verschaffen – das wäre ein gefährliches Vorgehen. »Beschwerden provozieren« meint vielmehr: Fordern Sie jene Kunden auf, sich zu beschweren, die meinen, Grund dazu zu haben!

Sie wundern sich, weil Sie meinen, diese melden sich sowieso? Falsch, jedenfalls als pauschale Aussage. Rechnen Sie damit, dass zwei von drei oder gar drei von vier potenziellen Beschwerdeführern schweigen. Manche nehmen das auf die leichte Schulter. Andere haben vorher eine Menge guter Erfahrungen mit Ihrem Unternehmen gemacht. Wieder andere schlucken den Ärger runter. Mit der Folge, dass sie zwar Kunde bleiben, jedoch künftig Ihrem Unternehmen weniger vertrauen. Zumeist auch weniger häufig einkaufen. Sobald ein scheinbar vertrauenswürdigerer Partner in Sicht kommt, wechselt dieser Kunde – wie das auch in mancher privater Partnerschaft geschieht.

Machen Sie Ihren Kunden das Beschweren leichter

»Beschwerden provozieren« zielt also darauf ab, Ihre weniger zufriedenen Kunden zu motivieren, eine Beschwerde loszuwerden. Welche Möglichkeiten bieten Sie Ihren Kunden bisher, dies zu tun?

Prüfen Sie jetzt, welche der hier aufgeführten ausgewählten Möglichkeiten Sie zusätzlich für sich nutzen könnten und sollten:

● Kundenzufriedenheits-Befragungen, um für Ihr Unternehmen gesicherte Werte zu erhalten. Schriftlich, telefonisch, persönlich (im Ladengeschäft, per Außendienst usw.)

● Beschwerdetelefon zu einem günstigem Tarif: Wenn Sie eine 0180-Nummer benötigen, um landesweit Gespräche auf vorausgewählte Stellen zu routen, wählen Sie eine 0180-1 oder 0180-2, sonst ein 800er-Gratistelefon. So unterbleibt das Zögern, »schlechtem Geld noch gutes hinterherzuwerfen«.

● Loben Sie Dankeschön-Prämien aus für Anregungen, Hinweise und Tipps – auch Reklamationen zählen dazu! Sie glauben kaum, was das für eine Wirkung hat.

Wie Sie das Thema benennen, ist ein anderes, ein wichtiges Thema. Die 800er-Nummer für Reklamationen kommuniziert ein Unternehmen zum Beispiel so: »*Fragen zu dieser Lieferung? Wählen Sie 0800-* ...« Der Begriff »Beschwerde« oder »Reklamation« wird also vermieden. Da diese konkrete Telefonnummer nur auf den Rechnungen kommuniziert wird, ist diese fürs Unternehmen teure Gratisnummer zu annähernd 100 Prozent auf Beschwerdeanrufe beschränkt.

Beachten Sie dabei: Organisieren Sie vor allem die Zusteuerung auf versierte Mitarbeiter, die wirklich gut mit den Beschwerdeführern umzugehen verstehen.

Umgang mit Beschwerdeanrufen

Womit wir beim Handling von Beschwerdetelefonaten sind. Überlegen Sie bitte: Sie sind selbst in der Situation, eine Reklamation zu haben. Was tun Sie – und was erwarten Sie vom Verursacher zu tun?

Konzentrieren wir uns aufs Telefon: Jetzt tauschen Sie die Rolle zurück: Was tun Sie, was tut Ihr Unternehmen – wie gehen Sie derzeit mit Reklamationen am Telefon um?

Dies sind wichtige Aspekte der Beschwerdekommunikation, die häufig erfolgreich genutzt werden:

- **Freundlich:** Die Einstellung und Motivation des angerufenen Mitarbeiters ist gefragt.
- **Schnell:** Eine Frage von Organisation und Motivation.
- **Kompetent:** Stimmen die Rahmenbedingungen?

An dieser Stelle geht es uns natürlich um die Telefonkommunikation. Deshalb finden Sie hier einige Beispielformulierungen, die in der Praxis gut angekommen sind. Wählen Sie aus, welche Sie anwenden wollen:

»Für uns steht der Kunde an erster Stelle. Deshalb schlage ich vor:
Zunächst ..., dann ...«

»Sagen Sie mir bitte: Was müsste ich tun, aus Ihrer Sicht, damit Sie
sagen: ...«

Dazu gehören dann auch die Themen »Überleitung« (s. S. 102) und
»Sach- und Beziehungsebene« (s. S. 29).

Übrigens, auch hier gilt die berühmte »Meile mehr«. Allerdings
wohl dosiert. Denn wenn Sie deutlich über das hinausgehen, was Ihr
Kunde erwartet, lassen Sie ihn vielleicht sogar stutzen: »Das alles be-
zahle ich mit?« Sie erreichen das Gegenteil des Gewünschten, geben
also eine Menge Geld umsonst aus.

Extra-Tipp »Beschwerden geschickt händeln«

Werten Sie Ihr Entgegenkommen auf, indem Sie scheinbar einen Vorgesetzten einbeziehen. Konkretes Beispiel:

»Jetzt versuche ich noch eines, Herr XYZ – denn meine Grenzen des Erlaubten
sind erreicht: Ich frage meinen Vorgesetzten, ob ich Ihnen ausnahmsweise
(kulante Regelung) anbieten darf. Einen Moment bitte ... (Gesprächspause) ...
Wir beide haben heute Glück, Herr XYZ – ich darf Ihnen (kulante Regelung)
ausnahmsweise zusagen. Das muss aber bitte unter uns bleiben ...«

Wichtig dabei: Tatsächlich ist dies der letzte Schritt dessen, was Ihnen als
Rahmenkompetenz zur Verfügung steht. Das heißt, eine Rücksprache mit
dem Vorgesetzten erübrigt sich. Dafür können Sie diese Effekte für sich
verbuchen:

1. Ihr Entgegenkommen wird aufgewertet – es muss extra ein Vorge-
   setzter gefragt werden.
2. Dies ist offenbar eine einmalige Ausnahme – das wertet Ihren Gesprächspartner auf.
3. Sie vermitteln Ihrem Kunden ein Erfolgserlebnis – etwas erreicht zu
   haben, das über das eigentlich Machbare hinausgeht.

Achtung – nur gelegentlich einsetzen. Wenn Sie (und Ihre Kollegen) dieses Spiel ausreizen, wird das Routine. Das merken Ihre Kunden!

Arbeitsplatz Telefon

... for a better understanding!

Gestalten und nutzen

Wie intensiv das Instrument Telefon bei Ihnen und von Ihren Mitarbeitern genutzt wird, hängt auch von bestimmten Rahmenbedingungen ab. Einige Aussagen aus der Praxis beleuchten dies:

> *»Es ist unangenehm, den Hörer zwischen Schulter und Kopf einzuklemmen, um etwas notieren zu können. Deshalb vermeide ich es zu telefonieren!«*
> *»Wenn ich parallel mehrere Vorgänge bearbeite, komme ich durcheinander.« »Oft stört mich ein Anruf in meiner Arbeit – es ist schwer, wieder dort einzusteigen, wo ich aufgehört hatte.«*
> *»Aufwändig finde ich vor allem, dass ich beim Telefonat erst etwas per Hand notiere, was ich nachher in den PC übertrage.«*
> *»Immer wieder suche ich beim Telefonieren nach relevanten Informationen …« »Mal muss ich im Ordner blättern, dann was aus der Schublade holen.«*

Natürlich können das Ausreden sein. Doch schon kleinste Änderungen schaffen häufig Abhilfe – und machen williger, mehr zu telefonieren.

Hörer einklemmen.
Benutzen Sie doch an Stelle des Handset (»Hörer«) ein Headset – schon sind beide Hände frei. Das Verkrampfen der Schultermuskel entfällt. Diverse Varianten solcher Headsets sind lieferbar, 2-Ohr- und 1-Ohr-Ausgaben, auch bügelfreie oder schnurlose. Das hält die Frisur in Form und vermeidet das Gefühl »am Platz angebunden zu sein«.

Mehrere Vorgänge zugleich abwickeln.

Hier nutzen PC-Lösungen viel (s. S. 144) – und ein Trennen des Platzes in »Schreiben« und Telefonieren hilft auch (s. S. 141). Ziel ist es, den letzten Zustand des gerade bearbeiteten Vorgangs zu fixieren, um dort sofort nach Beenden des Telefonats wieder ansetzen zu können.

Notizen vorab anfertigen

Dazu finden Sie mehr auf den Seiten 119 bis 124.

Informationen stets zur Hand haben

Außer Zugriff per PC gibt es vielerlei Lösungen, die wichtigsten Informationen nah und leicht auffindbar zu platzieren:

- **Tischbutler:** Bis zu 40 Blatt DIN A4 gut blätterbar schräg vertikal angeordnet, benötigt kaum Standfläche.
- **Manuskript-Klemmbretter:** Zum Aufstellen oder am PC anzubringen (beidseitig), geeignet für wichtigste Überblickslisten »vor Augen«.
- **Hängehalterungen:** Etwa für Schallschluckwände, die von Blättern frei bleiben müssen, um ihrer Funktion gerecht zu werden. Platz für Ordner (vertikal) oder Blätter (horizontal).
- **Infowände:** Aus verschiedensten Materialien und in wählbarer Größe. Setzen freie Wand an mindestens einer Seite des Arbeitsplatzes voraus.

Alle diese Lösungen sind bei gängigen Büromaterialanbietern zu haben – im Laden oder per Katalog. Preise je nach Material, Ausstattung und Bestellmenge – und in jedem Fall eine sinnvolle Investition!

Eine Nebenbemerkung zur »persönlichen Gestaltung«: Sich wohl fühlen bedeutet für jede Person etwas anderes. Persönlich wird mancher Arbeitsplatz durch Blumen, Bilder, Figuren. Sich »zu Hause« zu fühlen ist für viele Menschen wichtig. Deshalb sollten diese Mitbringsel zulässig sein. Allerdings gilt auch: Die verfügbare Fläche (auf dem Tisch, an den Wänden) sollte überwiegend für Informationen und Arbeitsgeräte genutzt sein. Bevor Platz sparende

Helfer wie die oben genannten angeschafft werden, kann eine Berei-nigung der Arbeitsfläche schon hilfreich sein.

Mehr Dynamik ins Gespräch!

Üblicherweise sitzen kaufmännisch Berufstätige überwiegend. Wer telefonisch erreichbar sein will, muss sogar darauf achten, den Ar-beitsplatz möglichst selten zu ver-lassen. Langes Sitzen hat Abfla-chen des Blutdruckes und ver-langsamten Blutkreislauf zur Folge. Dazu kommt das »nor-male Absacken« des täg-lichen Biorhythmus.

Wirkung von »sitzendem Sprechen«

Welche Konsequenzen hat dies für Telefonate? Notieren Sie bitte Ihre Ge-danken:

Wahrscheinlich haben Sie einige dieser Gedanken notiert:

● Anrufende gewinnen den Eindruck, am anderen Ende der Leitung eine »Schlaftablette« anzutreffen. Reaktionen und Sprechen sind verlangsamt.

● Die Konzentration lässt erheblich nach. Gesprächspartner überhören wichtige Infos und vergessen nach anderen zu fragen.

● Es entstehen mehr Gesprächspausen als eigentlich nötig für das Nachdenken über das Gesagte.

Auch bei aktivem Anrufen gehen auf diese Weise mögliche Erfolge flöten. Was ist zu tun, wie schaffen Sie mehr Dynamik? Folgende Tipps aus der Praxis können Sie dabei realisieren.

● **Der Extra-Arbeitsplatz fürs Telefon:** Ich selbst habe seit Jahren neben dem Schreibtisch ein Stehpult. Wenn ich telefonieren möchte oder das Telefon klingelt, erhebe ich mich von meinem Sitzplatz, gehe die zwei Schritte zum Stehpult und stelle erst dann den Kontakt per Telefon her. Die Folge: Mein Kreislauf gerät in Schwung, ich bin dynamischer, ich stehe beim Telefonieren. Das bedeutet: Ich verfüge über einen entspannten statt gequetschten Atemapparat. Dazu schaue ich in einen kleinen Spiegel auf/über dem Stehpult und kontrolliere meine Gesichtszüge: Schaue ich freundlich?

● **Die Trennung von Schreiben und Sprechen:** Das geht auch ohne extra Stehpult. Sie können es erreichen durch ein entsprechendes Unterteilen des Arbeitsplatzes. Selbst beim Sitzenbleiben lösen Sie sich dann deutlich vom vorher bearbeiteten Vorgang und konzentrieren sich nun voll auf den Gesprächspartner. Das spürt dieser sofort! Auf diese Weise entfällt die Ablenkung durch das noch zu Erledigende.

● **Mach mal Pause:** Tatsächlich ist es besser, jede Stunde nur einige Minuten Pause zu machen anstatt alle drei Stunden eine Viertelstunde wie häufig üblich. Wichtig ist dabei, dass Sie sich jedenfalls kurz von Ihrem Arbeitsplatz entfernen: Aufstehen, ein paar Schritte tun, sich bewegen.

● **Gymnastik am Arbeitsplatz:** In den Kurzpausen oder sogar während der Arbeit. Aufstehen, Armbewegungen, Kniebeugen – frei von Turngeräten oder Schwitzen. Der Kreislauf gerät in Schwung, etwa auch nach der Mittagspause mit Essen!

Hennig: Immer locker bleiben. 70 Wohlfühl-Übungen für Büro, Seminar und Schule. Beltz Verlag. Weinheim und Basel 2001

● **Ernährung ist wichtig:** Trinken Sie viel, das ölt die Stimme und hält nachweislich das Gehirn besser in Schwung. Obst und Gemüse untertags machen weniger müde als Süßes oder Fettes: Zucker wie Kaffee schaffen nur einen kurzen Aufschwung, danach werden Sie eher noch müder als vorher. Fettes muss verdaut werden – Blut strömt Richtung Magen statt Richtung Hirn.

● **Wenn Sie mögen, mentale Einstellung fördern:** Das geht per Tagesmotto im PC oder auf Papier – oder mündlich untereinander. Wenn das Telefon läutet, sagen manche Sätze wie: »Klasse, endlich ein Anrufer!« oder »Kunde ruft« – und stellen sich so positiv auf den Anrufer ein.

Ihre Test-Planung für die nächsten 14 Tage

Ein halbes Dutzend Punkte für »mehr Dynamik am Telefon«: Welche davon (oder ähnliche, die Ihnen spontan bei der Lektüre eingefallen sind) möchten Sie anwenden?

----------------------- --

Viel Erfolg auch damit!

PC-Nutzung, Software für den Alltag

Der Computer bietet heute eine solche Vielfalt an Möglichkeiten, dass Telefonieren mit nebenbei anderen Arbeiten immer möglich ist. Besonders interessant fand ich eine EDV-Lösung bei einem Medienunternehmen: Mehrere »Dialoge« parallel ermöglichen, einen Vorgang jederzeit zu unterbrechen und später (nach einem Telefonat zum Beispiel) sofort wieder anzusetzen. So ist es möglich

- eine Bestellung zu erfassen und später damit weiterzumachen,
- einem Kunden Auskunft über den Stand einer Lieferung zu geben und parallel seine telefonische Bestellung zu erfassen,
- eine Reklamation zu recherchieren und »Just-in-time« damit nachher fortzufahren.

Damit Sie optimalen »Parallelverkehr« zwischen Telefon und Schriftlichem fahren können, sollten Sie hierzu PC-fähig sein, also auch direkt am Telefon PC-Zugriff haben.

- **Kundendaten und Kunden-Historie:** Umsatz, Artikel, sonstiges Verhalten (Bewertung, Reklamationen).
- **Artikeldaten:** Preise, Größen, Lieferbarkeit.
- **Zahlungsverkehr:** Buchhaltungsdaten jeder Art.
- **Verzeichnisse:** Telefon, Adressen von Filialen.
- **Hinweise auf Besonderes:** Bonität, Termine, fehlende Informationen.
- **Schnittstellen** zwischen Warenwirtschaftssystem und anderer Software, etwa Textverarbeitung, E-Mail, Tabellenkalkulation (je nach Anforderung des Arbeitsplatzes).
- **Automatisierte Wiedervorlagen** bei Anschalten des PCs oder Aufruf bestimmter Programme.
- **Direktkommunikation** zwischen den verschiedenen Arbeitsplätzen über ein einziges Netzwerk.

Prüfen Sie, inwieweit Sie optimieren können – über den Ausbau bestehender Software, Verknüpfung der Programme oder Hinzunehmen relevanter bisher fehlender Standardsoftware. Ob Sie in der

Kundenbetreuung, im Vertrieb, Marketing oder in der Buchhaltung aktiv sind, das Stichwort CRM (Customer Relationship Management) sollten Sie jedenfalls in die Diskussion bringen.

Andere Medien nutzen

Ist es allein das Telefon, das für Ihre persönliche Kommunikation mit Ihren Geschäftspartnern relevant ist? Mehr und mehr ist es der Mix, den Sie beherrschen müssen.

- **Per Post:** Briefe, Kataloge, Muster.
- **Per Telefon:** verbal auch über Handy; schriftlich über Fax, Datenaustausch (DFÜ), SMS.
- **Per Internet:** Website, e-Newsletter, E-Mail.

Multi-mediale Kontakte?

Prüfen Sie jedenfalls, für welche Personen oder Gruppen weitere Medien sinnvoll nutzbar wären:

Beachten Sie im zweiten Schritt, dass der Einsatz eines Mediums sinnvoll sein muss. Kriterien sind:

- **Schnelligkeit** (Postfach, Anrufbeantworter, Voice-box),
- **Erreichbarkeit** (Voice-box, Call-Center, ergänzen durch Computer-Telefon statt persönlicher Betreuung).
- **Informationsintensität** (bei höherem Umfang schriftliche Unterlagen erforderlich).
- **Massencharakter** (Automatisieren bei wiederkehrend identischer Antwort/Aufforderung).

Medien-Übergänge

Eingangs des 21. Jahrhunderts gehen die Kommunikationsmedien mehr und mehr ineinander über. Diese so genannte Konvergenz kann für Sie in einer dieser Formen relevant sein oder werden.

- **PC/Internet und Fernsehen:** Präsentation und Kommunikation im Geschäftsleben.
- **Persönliches Erleben und Fern-Erleben:** Statt Messe und Konferenzen Chatrooms, Videokonferenz, virtuelle Räume, geschlossene Nutzergruppen im Internet.
- **Telefonieren und Internet:** Voice over IP (VoIP), das heißt, statt Telefonapparat nur mehr Headset direkt am PC, gleichzeitiges Erleben derselben Website zwischen beiden Gesprächspartnern beim Telefonieren und so weiter.
- **Handy, Festnetz, Internet fließen zusammen:** Erreichbar sein über eine Nummer überall (teils über Weiterschaltung, teils tatsächlich), kombiniert aus Sprechen/Schreiben, mobil/Internet.

Diese Entwicklung wird weitergehen. Sie kennzeichnet sehr schön, dass eben das Telefonieren für den Beruf immer wichtiger werden wird: Jeder ist überall erreichbar, wenn er das will. Das heißt auch: von überall her handlungsfähig, also telefonfähig sein. Daraus entstehen diese Herausforderungen für die Praxis:

- Entscheiden, in welchen Situationen Sie wo und wie erreichbar/aktivierbar sein möchten.
- Weiteres Verbessern der eigenen Telefon-Skills (Stimme, Sprechen, Formulieren).
- Handhaben der relevanten Informationen auch anderswo (Zugriff, Umgehen damit).
- Schnittstellen fürs Handeln (Weitergabe an relevante Partner, Schriftliches auch von Ferne generieren).

Immer schnellere Kommunikationsleitungen (2002 in Deutschland etwa DSL im Festnetz oder UMTS fürs Handy) ermöglichen erst das entsprechende Handhaben zu akzeptablen Preisen.

Randbemerkungen

Einfach zum Nachdenken!

Telefon-Marketing: Was ist erlaubt, was verboten?

Relevant ist diese Frage nur bei aktivem Telefonieren. Wenn Sie selbst in der Rolle des Angerufenen sind, könnte die Frage dann bedeutsam werden, wenn Sie sich belästigt und/oder gestört fühlen. Dies sind Hinweise aus der geltenden Rechtssprechung (meist zum UWG, Gesetz gegen den Unlauteren Wettbewerb). Für eine gesicherte Auskunft wenden Sie sich bitte an Ihren Rechtsanwalt.

- **Anrufe bei Privatleuten zu Geschäftszwecken:** Verboten. Ausnahme: Ihr Gesprächspartner hat Ihnen ausdrücklich oder konkludent (quasi stillschweigend) den Anruf genehmigt.
- **Anrufe bei Geschäftsleuten:** Ebenso verboten. Es sei denn, Sie können unterstellen, »Ihr Angebot« sei für den Angerufenen geschäftlich relevant, seinem Geschäftszweck entsprechend.

Beispiel dafür: Wenn Sie Büromaterial verkaufen, wäre es demnach statthaft, einem PBS-Geschäft (Papier – Büro – Schreibwaren) ein telefonisches Angebot für einen Sonderposten Kopierpapier zu machen, denn er verkauft es. Einem Buchhändler wiederum nicht: Er nutzt es vielleicht, doch sein Geschäftszweck ist ein anderer.

Unter welchen Gegebenheiten dürfen Sie nun nach geltender Rechtssprechung wohl vom Einverständnis des Angerufenen ausgehen?

● Ihr »Zuhörer« hat unterschrieben, dass Sie ihn anrufen dürfen – alles klar.

● Er hat seine Telefonnummer extra angegeben (zusätzlich zum Kopf im Briefbogen) mit dem Passus »für weitere Informationen« oder »für Fragen« zum Beispiel – das könnte genügen (»konkludent«).

● Er steht mit Ihnen in aktueller Geschäftsbeziehung – alles klar. Allerdings: Ausschließlich zu einem aktuellen Auftrag dürfen Sie anrufen.

Wenn Sie mehr darüber wissen möchten oder die aktuelle Situation anhand von Unterlagen überprüfen, statt einen Rechtsanwalt zu konsultieren, wenden Sie sich an den Deutschen Direktmarketingverband DDV in Wiesbaden.

Von ACD bis Zentrale

Technik wird immer relevanter, wenn es ums Telefonieren geht. Und die Begriffe werden immer amerikanischer – eine Folge des Trends zur Globalisierung? Zu einigen wichtigen Begriffen kurze Erläuterungen:

● ACD-Anlage: Telefoncomputer, der alle eingehenden Telefonate auf alle der Anlage gemeldeten Gesprächspartner (Agents) verteilt – oder auf Grund der Ziel-Telefonnummern nur auf ausgewählte. Abkürzung steht für Automatic Call Distribution.

● Benchmarking: Vergleich eigener Ergebnisse (Ziele) mit jenen, die andere Unternehmen erreichen. Ziel: Verbesserung.

● CRM-Software: Computerprogramm, das Speicher- und Zugriffsmöglichkeiten für sämtliche relevanten Kundendaten ermöglicht und diese Daten verknüpft, bewertet, je nach Wunsch auch für Aktionen ausgibt. Mit Wiedervorlage, Serienbriefen oder -mails und so weiter. Die Abkürzung steht für Customer Relationship Management.

● CTI-Software: Computerprogramm, das Telefon und Computer eines Unternehmens verknüpft. Erforderliche Basis für automatisiertes Telefonieren, etwa Anwählen von Anzurufenden aus dem Computer heraus oder Identifizieren eines Anrufers mit der Folge, dass die Kundendaten ohne weitere Aufruf-Aktivität automatisch auf dem Bildschirm erscheinen. Die Abkürzung steht für Computer Telefony Integration.

- **IVR:** Sprachgesteuerte Anruferführung, das heißt, Sie werden über einen Computer in mehreren Schritten zum Ziel geführt. Entweder kommen Sie dann zum richtigen Gesprächspartner oder Sie erhalten die gewünschte Auskunft per Bandaufzeichnung. Die Abkürzung steht für Interactive Voice Response.

- **Kommunikationsanalyse:** Feststellen, zu welchen Zeiten welche Personen unternehmensintern oder mit externen Partnern telefonieren – zu welchen Themen, wie lange. Ziel: Optimieren der Anrufzeiten und -verteilung.

- **Voice-box:** Der gute alte Anrufbeantworter – häufig in andere Geräte integriert. Gibt es über das Festnetz, in der ACD-Anlage, für das Handy oder über Internet.

- **VoIP:** Sprechtelefonate über Internet, auch möglich aus anderem Netz oder in anderes Netz. Also: Sie rufen von Ihrem Festnetzapparat jemanden an, landen dort per Internet auf dem PC des Angerufenen oder umgekehrt. Dies setzt voraus, dass der PC auch angeschaltet ist. Sonst wäre vielleicht eine Voice-box geeigneter. Abkürzung steht für Voice Over Internet Protocol.

- **Weiterleitung:** Jedenfalls für ISDN-Telefone möglich. Bei Abwesenheit sinnvoll anstatt einer Voice-box (= Automat), wenn Sie über einen anderen Anschluss erreichbar sind, beispielsweise in der Filiale, per Handy, beim Geschäftspartner, privat zu Hause, am Urlaubsort – und dringend ansprechbar sein möchten. In naher Zukunft einfaches Umschalten und Einloggen am anderen Ort – Ihre Nummer bleibt gleich.

- **Zentrale:** Die klassische Vermittlungsstelle, die in dieser Funktion immer weniger wichtig ist. Mehr und mehr Gespräche werden direkt auf Nebenstellen geführt oder woanders hingeleitet. Die Folge: Zusätzlich zur Empfangsfunktion (persönliche Besucher vermitteln) treten weitere Aufgaben – etwa das direkte Bedienen von Anrufern mit Informationen statt Weiterreichen an andere Stellen.

Umgehen mit dem »Band«: Anrufbeantworter-Praxis

Privat wie geschäftlich, Festnetz oder Handy: Voice-box gibt es heute praktisch überall. Und auch »das Band« hat sozusagen zwei Seiten: Den Meldetext – und das, was der Anrufer darauf spricht. Lassen Sie uns beide Seiten kurz beleuchten.

Zielgerechter Meldetext.

Es gelten dieselben Aspekte wie beim tatsächlichen Telefonat: Was möchten Sie von Ihrem Anrufer wissen? Was darf er Ihnen hinterlassen? Soll er überhaupt – oder möchten Sie nur eine Abwesenheitsinformation geben (und natürlich die Daten, zu denen Sie wieder erreichbar sind).

Anrufbeantworter: Ihre Texte

Welchen Text beziehungsweise welche Texte nutzen Sie bisher?

Hier sind zwei Beispiele für Sie, die Sie gerne nutzen können:

»Guten Tag, Sie erreichen ABC per Band. Nennen Sie bitte Name, Telefonnummer, Grund – wir rufen Sie ab (Datum nennen) *zurück. Danke – sprechen Sie jetzt:«*
»Guten Tag, ABC per Band. Ihren Wunsch erfüllen wir prompt ab (Datum nennen). *Bestellungen bitte mit Name, Kundennummer und Artikeldaten. Rückruf erwünscht? Dann bitte auch Ihre Telefonnummer und Erreichbarkeit. Danke!«*

Ihre Nachricht auf Band sprechen

Versetzen Sie sich in folgende Situation: Sie selbst versuchen einen Gesprächspartner zu erreichen, doch es springt nur der Anrufbeantworter an.

»Sprechen Sie – jetzt!«

Welche Informationen hinterlassen Sie ihm?

Zwei Beispiele, um relativ sicher Erfolg zu haben:

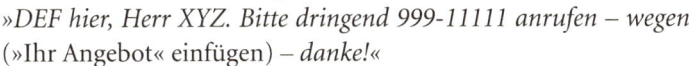

»Guten Tag, Herr XYZ, hier spricht ABC DEF. Es ist Werktag, der Datum, Uhrzeit. Grund meines Anrufs: »Ihr Angebot«. Sie erreichen mich per Telefonnummer (am besten Uhrzeit und Tag angeben). *Herr XYZ, rufen Sie mich rasch zurück – so sichern Sie sich* (»Ihr Angebot« und die Telefonnummer nennen) *– bis dahin, tschüss.« Oder die kurz-angebunden-Variante:*

»DEF hier, Herr XYZ. Bitte dringend 999-11111 anrufen – wegen (»Ihr Angebot« einfügen) *– danke!«*

Do's und dont's am Telefon

Häufig gestellte Fragen

In diesem Kapitel fasse ich nochmals die wichtigsten Hinweise aus den ersten sechs Kapiteln unter einem verändertem Blickwinkel zusammen und ergänze diese noch mit weiteren wichtigen Tipps.

Der Telefon-Knigge

Hier finden Sie aufgelistet, was Sie besser vermeiden sollten, um eine gute Verständlichkeit zu erreichen:

- Rauchen. Kauen. Trinken. Essen.
- »Moment mal« und die Sprechmuschel verdecken. Wenn eine Frage an andere Person hilfreich ist, dann dies erklären und auf »stumm« schalten.
- Schweigen, Verstummen (Ausnahme: Sie möchten den anderen bremsen).
- Parallel mit anderen sprechen oder auf andere achten.
- Parallel an einem anderen Vorgang arbeiten.

Um besser anzukommen, ist es hilfreich auf Folgendes zu achten:

- Lächeln und Lachen (allerdings nur *mit* Ihrem Gesprächspartner statt über ihn – oder andere!).
- Zuhörsignale geben (hm, jaa, aha …).
- Verbindliche Übergänge schaffen: »*Verstehe ich Sie richtig: …*« oder »*Sie meinen also …*« vor dem Argument für »Ihr Angebot«.
- Beginnen Sie Ihre Antwort mit dem Namen Ihres Zuhörers (gerade bei Einwandfragen).

Wie beim guten alten Freiherrn von Knigge gilt auch hier: Wenn Sie dies beachten, kommen Sie überall gut an. Natürlich gibt es besondere Umgehensweisen, die in definierten »Szenen« üblich sind. Die wiederum kennen Sie selbst am besten – oder lernen Sie möglichst rasch, wenn Sie in ein anderes Unternehmen oder in eine neue Region gehen.

Gute Zeiten – schlechte Zeiten?

Wann ist die beste Zeit für Telefonate? Das hängt naturgemäß von den Beteiligten ab – von Ihnen und Ihrem Gesprächspartner. Für Personen aus einer definierten Gruppe gelten üblicherweise ähnliche Zeiten, die gut passen. Ich gebe Ihnen Beispiele:

Bestimmte Berufe haben »Aus-Zeiten« – etwa Handwerker, die beispielsweise auf Baustellen unterwegs sind und deshalb nur vor 8 oder nach 18 Uhr erreichbar beziehungsweise in der Lage sind, Sie anzurufen. Gilt auch für Freie Berufe, Einzelhändler.

Privatleute sollten Sie erst ab 8 Uhr morgens und nur bis 20 Uhr anrufen. Manche schlafen vorher beziehungsweise möchten danach in Ruhe ihren Feierabend genießen. Der Deutsche Direktmarketingverband hat dies zu einer Regel gemacht.

In manchen Unternehmen gibt es **Pausenzeiten:** Prüfen Sie die Ihren – vielleicht ist ein Notdienst hilfreich, Rückrufspiralen zu vermeiden. Beachten Sie die Zeiten anderer Unternehmen, dann arbeiten Sie effizienter. Behörden haben fix vorgegebene Öffnungszeiten.

Biorhythmus: Das geht Sie als Person an. Wählen Sie fürs Telefonieren Ihre Hoch-Zeiten, soweit möglich. Erreicht Sie ein Anruf in einer Tief-Zeit, bringen Sie Ihren Kreislauf in Schwung (s. S. 141)!

Urlaubszeiten: Planen Sie Ferien der Bundesländer mit ein, dazu so genannte Brückentage – wenn am Donnerstag Feiertag ist, wird der Freitag häufig als Urlaubstag gewählt – das Wochenende folgt.

Gute Zeiten...

Welche weiteren Branchen-spezifischen Zeiten fallen Ihnen ein, die Sie zu beachten haben – etwa Werksferien oder Ähnliches?

Definieren Sie nun für Ihre Situation optimale Anrufzeiten, vielleicht unterschiedliche für verschiedene Personengruppen bei Ihnen, bei Ihren Geschäftspartnern oder je nach Aufgabe:

Überlegen Sie auch, wie Sie diese Kenntnisse in Ihre Alltagsarbeit oder in die Ihrer Mitarbeiter einbauen können. Beachten Sie dabei folgende Punkte:

● Konzentriertere Schreibarbeit in telefonfreien Zeiten.
● Effizienteres Telefonieren zu Zeiten besseren Erreichens.
● Kommunizieren telefonischer Erreichbarkeit an die Partner.
● Verändern genereller Arbeitszeiten zur Optimierung der Telefonkontakte. Gerade bei diesem Punkt ist aber ein frühzeitiger Kontakt zum Betriebsrat häufig hilfreich.

Von Zentrale bis Assistenz: Verstärker und Filter

Egal, welche Funktion, welche Position Sie ausüben: Verstärker und Filter gibt es für Sie am Telefon immer wieder. Einige wichtige sind hier für Sie zusammengefasst, zum Teil bereits ausführlicher in diesem Buch besprochen.

Als **Verstärker** wirken:

- **Name und Vorname:** Macht das Telefonat verbindlicher und persönlicher zugleich. Das verhilft zu einem guten Kontakt. Gleiches gilt für »Sie« statt »wir« oder »man«.
- **Vermittlungspartner als solche akzeptieren:** »Es geht um »Ihr Angebot« – ist da Ihr Chef mein Gesprächspartner – oder wer sonst bei Ihnen im Haus ist verantwortlich (!) für einen Entscheid dieser Größenordnung?« zielt auf die Kompetenz von Vermittlung, Sekretariat, Assistenz.
- **Definieren Sie Ihre Aufgabe** statt sich klein zu machen: »Mein Chef erwartet von mir, Anrufe zu klären, statt einfach durchzustellen«, ist besser als »Ich bin nur …«.
- **Hilfreiche Hinhörwörter** sind etwa: sparen, jetzt, nur (noch) kurze Zeit, letzter Rest (»von 777 nur mehr 18«) neu, gewinnen, nur für Sie, dürfen… – und: Fragewörter!

Filter sind dagegen folgende Punkte:

- **Wenn Sie Ihren Zuhörer ins Unrecht setzen, tun Sie sich gleich deutlich schwerer:** »Das kann ja nicht sein« oder »Das müssen Sie schon uns überlassen« macht sich weniger gut, oder? Stattdessen: »Könnte es sein, dass …« oder »Ich verstehe, dass Sie das so sehen. Eine andere Sichtweise ist …« Oder statt »Das haben Sie aber jetzt gründlich missverstanden!!« besser »da habe ich mich wohl missverständlich ausgedrückt …«
- **Abwehrsignale:** Statt »wie war noch mal der Name?« besser »Sie sind Herr …?!« – statt »Jetzt muss ich aber doch mal unterbrechen!!« besser »Herr XYZ, verstehe ich Sie richtig: …?«.

- Storys statt Ehrlichkeit: »Das muss ich mit Ihrem Chef persönlich besprechen« oder gar »das ist privat!!« wird Ihren Zwischenpartner weniger für Sie einnehmen. Und wenn Sie ganz schnell wieder Gelegenheit für einen neuen Wählversuch haben möchten, sagen Sie etwas wie »Na hören Sie mal, Sie entscheiden doch wohl nicht über die Tantiemen Ihres Chefs!!«.
- Auflegwörter sind kostet, müssen, billig, zahlen – und: Behauptungen, möglichst bar jeder Begründung!

Die Kür VIII: Was Ihnen der Beruf verrät ...

Je mehr Sie über Ihren Gesprächspartner wissen, desto besser, genauer und individueller können Sie mit ihm am Telefon umgehen. Dazu gehört auch die berufliche Position: Beruf und Ausbildung, Funktion und Position sowie weitere Interessen.

Je nach Ihrer Lebens- und Berufserfahrung sind Sie dann rasch(er) in der Lage, sich auf den anderen einzustellen:

- Menschentyp: Grob gesagt, ist ein Buchhalter oder Techniker, eher ein Tüftler (wünscht Details zu erfahren), ein Verkäufer oder ein Werbemann dagegen reagiert eher emotional (braucht Bauchgründe für die Entscheidung).
- Beruflicher Interessenshintergrund: Welche Vorteile von »Ihrem Angebot« sind für diesen Gesprächspartner relevant – finanzielle Aspekte oder eher die konkrete Anwendung?
- Gesprächsführung: Wortschatz, einfachere Formulierung, Dialekteinsatz.
- Zeiten guter Erreichbarkeit: s. S. 103.
- Kaufkraft-Chancen: Welche Variante von »Ihrem Angebot« kommt eher in Frage? Welche Menge?

Natürlich kommen weitere Informationen über das Unternehmen dazu, für das Ihr Zuhörer tätig ist. Übrigens, hüten Sie sich davor, Vorurteile zu bilden: Überprüfen Sie Ihre Kenntnis durch Fragen (s. S. 86)!

Schlusswort und Ausblick

Telefon von Angesicht zu Angesicht?

Schon seit Jahrzehnten gibt es das Bildtelefon – ja, Sie lesen richtig! Doch der erste ernsthafte Versuch der Telekom, ein entsprechendes Netz aufzubauen, stammt aus den 80er-Jahren des letzten Jahrhunderts. Damals lief es schief aus diversen Gründen. Unter anderem war die Hardware schlicht zu teuer, um flächendeckend auch nur genügend Businesskunden zu gewinnen, geschweige denn Privatleute. Inzwischen gibt es Videokonferenz-Systeme per Telefonleitung, die das »Telefonieren mit Sehen« forcieren. Hinzu kommt, dass das Internet das Gewöhnen an virtuelles Zusammensein forciert. Zugleich werden Sprechen und Sehen übers Internet immer preiswerter. Das bedeutet:

Schon bald wird es auch beim Telefonieren möglich sein, einander zu sehen. Die Folge? Was wir eingangs noch als Manko oder auch als hilfreich für manche Menschen definiert haben, kommt künftig dazu oder fällt weg, je nach Sichtweise: Ein-sinniges Kommunizieren wird zumindest zwei-sinnig. Mimik und Gestik werden relevant. Wer heute Vorteile beim Telefonieren hat, wird sich zusätzlich weiterbilden müssen. Andere Berufstätige greifen vermehrt zum Telefon: Die Situation entspricht dann (fast) jener beim persönlichen Vis-à-vis. alles in Allem: Interessante Zeiten kommen auf Sie zu!

Viel Erfolg, wünscht Ihnen
Hanspeter Reiter

Literaturverzeichnis

DUDEN Synonymwörterbuch der Deutschen Sprache. BIFAB 1997.

Haeske, Udo: Erfolgreich telefonieren im Beruf, Beltz 1999.

Mahlmann, Regina: Konflikte managen, Beltz 2001.

Reiter, Hanspeter: Telefonverkauf für Buchhändler und Verlage. Hardt & Wörner 1995.

Reiter, Hanspeter Die 166 besten Checklisten für Telemarketing und Call-Center. Verlag moderne industrie 1999.

Rückerl, Tom: NLP in Action, Junfermann 2001.

Tannen, Deborah: Job talk, Kabel 1999.

Vögele, Prof. Siegfried: Dialogmethode. Das Verkaufsgespräch per Brief und Antwortkarte, moderne industrie 1998.

Wiencke, Wolfgang/Koke, Dorothee: Call Center Praxis, Schäffer-Poeschel 1999.

Bildnachweis

S. 3	Egbert Greven/Baaske Cartoons
S. 15	Milen Radev/Baaske Cartoons
S. 19	Karl-Heinz Brecheis/Baaske Cartoons
S. 20	profiTel
S 31, 141	Jan Tomaschoff/Baaske Cartoons
S. 35	Morris/Baaske Cartoons
S. 57	Erik Liebermann/Baaske Cartoons
S. 60	Buzz'z/Baaske Cartoons
S. 64	Björn Holm/Baaske Cartoons
S. 68, 98	Klaus Puth/Baaske Cartoons
S. 91	Karl Gerd Striepecke/Baaske Cartoons
S. 112	Michael Ammann/Baaske Cartoons
S. 157	Oswald Huber/Baaske Cartoons

Machen Sie mehr aus Ihrer Stimme

Sabine F. Gutzeit
Die Stimme wirkungsvoll einsetzen
Das Stimm-Potenzial
erfolgreich nutzen.
Mit Audio-CD.
BELTZ on top. 2002.
128 Seiten. Broschur.
ISBN 3-407-36108-4

Kommunizieren, präsentieren,
telefonieren – wer den richtigen
Ton trifft, kommt gut an. Im
Beruf wird eine gute Kommunikationsfähigkeit immer
mehr zum Erfolgsfaktor. Doch
was nützen die besten Argumente, wenn die Stimme als
Träger der Worte nicht stimmt.
Plagt auch Sie häufig der berühmte Frosch im Hals? Merkt
man an Ihrer Stimmlage, dass
Sie Lampenfieber haben? Wollen Sie Ihre Vortragstechnik
optimieren? Dann liegen Sie
mit diesem Buch richtig!
Sabine F. Gutzeit zeigt, was hinter dem Phänomen Stimme
steckt. Sie erfahren, wie Sie
ökonomisch mit der eigenen
Stimme umgehen können. Die
konkrete Anwendung im
Gespräch, bei Vorträgen oder
am Telefon sowie Themen wie
Umgang mit Stress, der
»Notfallkoffer« für die Stimme
sowie die Stimme in Training
und Therapie sind ebenso integriert. Übungen finden Sie
auch auf der Übungs-CD.

Infos und Ladenpreis:
www.beltz.de

F0108

Beltz Verlag · Postfach 100154 · 69441 Weinheim

Führungsaufgaben meistern